山西省"十四五"首批职业教育规划教材立项建设教材

山西省高水平专业建设成果新形态教材

职业教育智慧物流与供应链系列教材

两业融合物流专业群建设成果

同时适用于高等职业教育本科和专科物流及供应链等相关专业

智慧物流设施设备

主　编　杨双幸

副主编　李　杰　狄华军　程丽丽

参　编　高　原　赵启文　孙　亮　宋丽华　贾荷婷

中国财富出版社有限公司

图书在版编目（CIP）数据

智慧物流设施设备 / 杨双幸主编；李杰，狄华军，程丽丽副主编.—北京：中国财富出版社有限公司，2023.4

ISBN 978-7-5047-7923-6

Ⅰ.①智…　Ⅱ.①杨…②李…③狄…④程…　Ⅲ.①智能技术—应用—物流—设备管理—职业教育—教材　Ⅳ.①F252-39

中国国家版本馆 CIP 数据核字（2023）第070378号

策划编辑 黄正丽		**责任编辑** 刘 斐 于名珏		**版权编辑** 李 洋	
责任印制 尚立业		**责任校对** 杨小静		**责任发行** 敬 东	

出版发行 中国财富出版社有限公司

社　　址 北京市丰台区南四环西路188号5区20楼	**邮政编码**	100070
电　　话 010-52227588 转 2098（发行部）	010-52227588 转 321（总编室）	
010-52227566（24小时读者服务）	010-52227588 转 305（质检部）	
网　　址 http://www.cfpress.com.cn	**排　版** 宝蕾元	
经　　销 新华书店	**印　刷** 北京九州迅驰传媒文化有限公司	
书　　号 ISBN 978-7-5047-7923-6 / F·3539		
开　　本 787mm×1092mm 1/16	**版　次** 2024 年 8 月第 1 版	
印　　张 14.5	**印　次** 2024 年 8 月第 1 次印刷	
字　　数 300 千字	**定　价** 49.00 元	

前　言

智慧物流是工业4.0的核心组成部分，在工业4.0智能工厂的框架内，智慧物流是连接供应和生产的重要环节，也是构建智能工厂的基石。而智慧物流设施设备是智慧物流的基础支撑体系，重点体现在智慧仓储、智慧运输、智慧配送等方面，主要包括智能存储、智能分拣、智能搬运、智能装卸、智能配送、智能运输等环节。

随着物联网、大数据、云计算等新技术的应用与发展，我国物流行业正处于从传统设施设备向智能设施设备过渡的重要阶段，因此，智能设施设备的合理选择与应用，对于企业来说相当重要。

本书结合当前物流行业发展状况，充分考虑职业院校的教学需求，从智慧存储设备、智慧装卸搬运设备、智慧分拣设备、智慧运输配送设备、智慧物流信息系统五个方面，系统地阐述了在智慧物流环境下，物流企业对常规设施设备和智能设施设备的需求及使用情况。本书的创新之处体现在以下几个方面。

1. 一体化教、学、做

创设学习情境，以任务为驱动，构建"工学结合"的教学模式，实现教、学、做一体化。

2. 校企双元合作开发

本书由山西交通技师学院教学团队联合北京络捷斯特科技发展有限公司专家团队共同开发完成。教材编写团队的成员不仅有学校专任教师，还有企业专家。这样既保证了教材内容符合教学标准，又能很好地将企业新技术、新工艺、新规范融入其中。

3. 融入数字化资源

以二维码的方式融入视频、图片、文字等数字化资源，为学生创造了个性化、立体化的学习环境，打造立体化教材。

本书由山西交通技师学院杨双幸担任主编，负责拟订编写提纲，编写项目一到项目四；山西国际商务职业学院李杰、山西工程职业学院狄华军、山西工程科技职业大学程丽丽担任副主编，负责编写项目五；山西交通技师学院高原、赵启文，太原旅游职业学院孙亮，山西工程科技职业大学宋丽华，太原铁路机械学校贾荷婷参与了本书大纲的讨论，完成了部分案例的收集工作，为本书的资源建设工作提供了相关素材。

在编写本书时，编者查阅、参考和引用了许多相关的资料，从中得到很多教益和启发，在此一并对这些资料的作者表示感谢。

由于编者水平有限，书中难免存在不妥之处，敬请广大读者提出宝贵意见，以便进一步修订和完善。

编　者

2023 年 11 月

目　录

项目一　智慧存储设备的选用

项目二　智慧装卸搬运设备的选用

项目三　智慧分拣设备的选用

项目四　智慧运输配送设备的选用

项目五　智慧物流信息系统的选用

项目一 智慧存储设备的选用

任务一 认识常规存储设备

🏠 学习情境

小威在进入极速物流有限公司实习后，被分配在公司的仓储部门，由导师陆超（仓库经理）带其了解仓储工作。

极速物流有限公司的仓储中心有一批货物运达仓库，工作人员根据具体的需要选择装卸搬运设备，进行卸货搬运。工作人员在设备暂存区取出一辆手动液压搬运车（见图1-1-1），利用手动液压搬运车将码放整齐的一托盘货物从入库理货区搬运至托盘货架区。

请结合上述情境及一般仓库的布局，思考仓库中常见的存储设备有哪些。

图1-1-1 手动液压搬运车

学习目标

知识目标	掌握货架的概念及种类
	掌握托盘的概念及种类
	理解托盘的使用规范
技能目标	能够辨识不同类型的货架
	能够阐述不同类型托盘的特点
素养目标	树立标准意识、规范意识和安全意识

任务书

完成任务单（见表1-1-1）中的任务。

表1-1-1 　　　　　　　　　　　任务单

专业班组		班长		日期	

任务：认识常规存储设备

检查意见：

签章：

任务分组

学生按要求自行分组并填写任务分配表（见表1-1-2）。

表1-1-2 　　　　　　　　　　　任务分配表

班级		组号		指导教师	
组长		学号			
组员	姓名		学号		

（续表）

组员	姓名	学号
任务分工		

任务实施

🔍 引导问题1：图1-1-2中货架各部件的名称是什么？请分别标出。

图1-1-2　货架结构

轻型货架常见的部件如下。

（1）立柱：由等边角钢双边冲孔制成，立柱孔用来挂接层板。

（2）钢层板：一般采用冷轧钢板，按所需尺寸四边折弯成型。

立柱与钢层板通过速扣卡销和三角形固定片连接与固定，组成货架。

货架各部件加工成型之后，全部经打磨、酸洗磷化、全自动粉末静电喷涂和烘干等工艺处理后组装成品。

轻型货架整体采用无螺钉组合式设计，层板可上下任意调节，安装拆卸方便，货架成品表面光洁、美观，而且价格比较便宜，是不少中小企业的首选。但是这种货架有一些缺点：规格较小，承载量也小。这种货架在存放中小型货物和人工存取较为方便的场合应用比较广泛。

🔍 引导问题2：货架的功能有哪些?

_____

_____

_____

_____

_____

_____

🛠 扫一扫

货架是由具有一定强度的材料，按一定的要求制成的，用来存放物品的架子。它在仓库中占有十分重要的地位，对物品的储存和堆码起着重要作用。货架的功能可以通过扫描右侧二维码查看。

货架的功能

🔍 引导问题3：请仔细查看以下货架图片，并将图片与货架种类用线连起来。

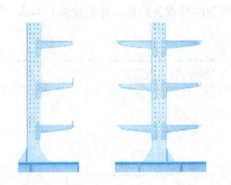

层格式
货架

抽屉式
货架

托盘式
货架

阁楼式
货架

悬臂式
货架

移动式
货架

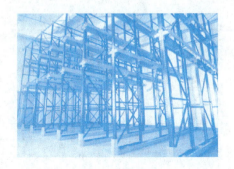

重力式
货架

驶入
（出）式
货架

🔍 **引导问题4**：查阅资料，浏览相关网页，了解货架的特点及用途，并完成表1-1-3。

表1-1-3　　　　　　　　　　　　　货架的特点及用途

货架种类	货架的特点及用途
层格式货架	
抽屉式货架	
托盘式货架	
阁楼式货架	
悬臂式货架	
移动式货架	
重力式货架	
驶入（出）式货架	

🔍 引导问题5：查阅资料，浏览相关网页，描述并归纳托盘的概念。

_____

_____

_____

🔍 引导问题6：了解托盘的种类。如图1-1-3～图1-1-12所示为常见的托盘。

图1-1-3　木制托盘

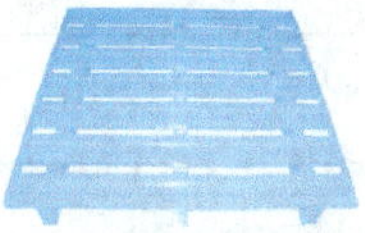

图1-1-4　铁制托盘

图1-1-5　塑料托盘

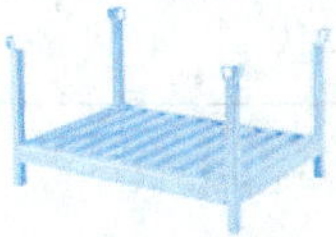

图1-1-6　立柱式托盘

图1-1-7　箱式托盘

图1-1-8　四折翼型滑片托盘

图1-1-9　轮式托盘

图1-1-10　航空托盘

图1-1-11　油桶专用托盘

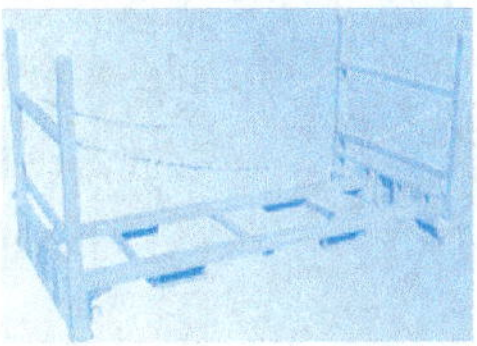

图1-1-12　轮胎托盘

（1）托盘的种类有哪些？

_____

_____

_____

（2）使用范围最广的是_____托盘。平托盘可按以下几种方式分类。

①按叉车叉入方式分，可分为_____、_____、_____三种。

②按台面分，可分为_____、_____、_____和_____四种。

③按材料分，可分为_____、_____、_____、_____、_____、_____等。

（3）_____托盘没侧板，在托盘上部的四个角有固定式或可卸式的立柱，有的柱与柱之间有连接的横梁。

（4）箱式托盘可分为_____、_____和_____三种。

（5）滑片托盘按折翼的个数不同，分为_____型滑片托盘、_____型滑片托盘、_____型滑片托盘和_____型滑片托盘。

（6）_____托盘下部装有小型轮子，在生产企业物流系统中，可以兼做_____。

（7）请列举四种特种专用托盘。

_____

_____

🔍 引导问题7：描述托盘的优点和缺点，并填入表1-1-4。

表1-1-4　　　　　　　　　　托盘的优点和缺点

托盘的优点	托盘的缺点

🔧 **扫一扫**

为了使物品被有效地装卸、运输、保管，将物品按一定数量组合放置于一定形状的台面上，这种台面有供叉车从下部叉入并托起的叉入口，以这种结构为基本结构的平台和在这种基本结构上形成的各种形式的集装器具均可称为托盘。

托盘的优点和缺点可以通过扫描右侧二维码查看。

托盘的优点和缺点

🔍 引导问题8：查阅资料，浏览相关网页，列举表1-1-5中所列国家及国际标准化组织常用的托盘标准与规格。

表 1-1-5　　　　　　　　　　　　　　　　托盘标准与规格

国家及国际标准化组织	托盘标准与规格
美国	
日本	
中国	
国际标准化组织	

托盘的标准与规格可以通过扫描右侧二维码查看。

托盘的标准与
规格

扫一扫

为了推动我国物流业降本增效，国家标准化管理委员会组织制定了《托盘单元化物流系统 通用技术条件》（GB/T 37922—2019）和《托盘单元化物流系统 托盘设计准则》（GB/T 37106—2018）国家标准。上述标准以托盘集装单元为基点，对托盘、周转箱、仓储货架、集装箱及运输车辆进行统一和规范，推动了供应链各环节的设施设备的整合优化与无缝衔接。具体标准内容可以通过扫描以下二维码查看。

《托盘单元化物流系
统 通用技术条件》

《托盘单元化物流系
统 托盘设计准则》

评价反馈

各组代表展示作品，介绍任务的完成过程。作品展示前应准备阐述材料，并完成表1-1-6、表1-1-7、表1-1-8。

表1-1-6　　　　　　　　　　学生自评表

序号	评价项目	学生自评
1	任务是否按时完成	
2	相关理论学习情况	
3	技能训练情况	
4	任务完成情况	
5	任务创新情况	
6	材料上交情况	
7	收获	

表1-1-7　　　　　　　　　　学生互评表

序号	评价项目	小组互评
1	任务是否按时完成	
2	材料上交情况	
3	作品质量	
4	语言表达能力	
5	小组成员合作情况	
6	是否有创新点	

表1-1-8　　　　　　　　　　教师评价表

序号	评价项目	教师评价
1	学习准备情况	
2	引导问题填写情况	
3	是否规范操作	
4	完成质量	
5	关键操作要领掌握情况	
6	完成速度	

（续表）

序号	评价项目	教师评价
7	是否进行5S管理	
8	参与讨论的主动性	
9	沟通协作情况	
10	展示汇报情况	

 学习情境相关知识点

☀ **知识点1：货架的种类**

货架主要有层架式货架、托盘式货架、阁楼式货架、悬臂式货架、移动式货架、重力式货架、驶入（出）式货架、抽屉式货架、橱柜式货架、U形货架、棚货架、鞍货架、轮胎专用货架、自动化立体仓库货架等。以下简要介绍几种。

1. 层架式货架

层架式货架的应用非常广泛。如果按层架存放物品的重量分类，可以分为重型货架和轻型货架；按其结构特点分类，可以分为层格式货架、抽屉式货架等，如图1-1-13、图1-1-14所示。

图1-1-13　层格式货架

图1-1-14　抽屉式货架

2. 托盘式货架

托盘式货架专门用于存放堆码在托盘上的物品，其基本形态与层架式货架类似，但承载能力较强，如图1-1-15所示。

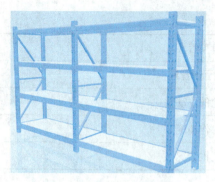

图1-1-15　托盘式货架

3. 阁楼式货架

阁楼式货架是利用钢架和楼板将空间分为上、下两层，下层货架结构支撑上层楼板，如图1-1-16所示。

图1-1-16　阁楼式货架

4. 悬臂式货架

悬臂式货架是由立柱和悬臂构成的。悬臂常用金属材料制造，其尺寸一般根据所存放物料的尺寸确定。为防止物品损伤，常在悬臂上加垫木质衬垫或橡胶带，以起保护作用，如图1-1-17所示。

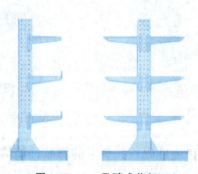

图1-1-17　悬臂式货架

5. 移动式货架

移动式货架底部装有滚轮，开启控制装置后，滚轮可沿轨道滑动，如图1-1-18所示。

图1-1-18　移动式货架

6. 重力式货架

重力式货架底部与水平面之间有一定的倾斜角度，低端作为出货端，而高端作为入货端，如图1-1-19所示。

图1-1-19　重力式货架

7. 驶入（出）式货架

驶入（出）式货架采用钢质结构，货架两边钢柱上有水平凸出的横杆，叉车将托盘送入，由货架两边的悬轨托住托盘及物品，如图1-1-20所示。

图1-1-20　驶入（出）式货架

🛠 扫一扫

扫描右侧二维码，观看视频，了解货架的分类。

货架的分类

💡 知识点2：货架的特点及用途

货架是物流行业的基础设施，对物流行业的运行及仓库的管理具有重要作用。表1-1-9是常见货架的特点及用途。

表1-1-9　　　　　　　　　　　　常见货架的特点及用途

类别	特点及用途
层架式货架	①结构简单，适用性强，有利于提高空间利用率，方便存取，是人工作业仓库主要的存储设备。 ②其中的层格式货架主要用于存放规格复杂多样、必须互相隔开的物品。 ③层格式货架也用于存放比较贵重或怕尘土、怕湿的小件物品
托盘式货架	①结构简单，可调整组合，安装简易，费用经济。 ②入库不受先后顺序的限制。 ③储物形态为托盘装载物品，配合升降式叉车存取
阁楼式货架	可以有效提高空间利用率，上层物品搬运需配垂直输送设备，上层不适合重型搬运设备运行，通常存放轻量物品

（续表）

类别	特点及用途
悬臂式货架	①不便于机械化作业，需配合跨距较宽的设备。 ②一般高度在6m以下，空间利用率较低，为35%～50%
移动式货架	①平时密集相接排列，存取物品时通过手动或电力驱动装置使货架沿轨道水平移动，形成通道，可以大幅度减少通道面积，地面使用率可达80%，而且可直接存放整箱物品，不受先进先出的限制。 ②机电装置较多，建造成本较高，维护也比较困难
重力式货架	①通常采用密集型配置，能够大规模密集存放物品，减少了通道数量，可有效节约仓库面积。 ②能保证先进先出，并且方便拣货。 ③拣货端与入货端分离，能提高作业效率和作业的安全性。 ④可以根据需要设计成适合托盘、纸箱、单件物品储存的结构和形式
驶入（出）式货架	①属高密度配置，高度可达10m，库容利用率为90%以上。 ②适用于大批量、少品种的配送中心，但不太适合储存过长或过重的物品。 ③存取货时受先后顺序的限制

☀ 知识点3：托盘的种类

1. 平板托盘（平托盘）

平托盘几乎是托盘的代名词，因为平托盘使用范围最广，利用率最高，通用性最好，所以只要一提托盘，一般都是指平托盘。平托盘又可细分为以下三种类型。

（1）按叉车叉入方式的不同，平托盘可分为单向叉入型托盘、双向叉入型托盘、四向叉入型托盘三种。

（2）按台面的不同，平托盘可分为单面型托盘、单面使用型托盘和双面使用型托盘、翼型托盘四种。

（3）按材料的不同，平托盘可分为木制托盘、钢制托盘、铝合金托盘、胶合板托盘、塑料托盘、纸板托盘等。

2. 立柱式托盘

立柱式托盘没侧板，在托盘上部的四个角有固定式或可拆卸式的立柱，有的立柱与立柱之间有连接的横梁。

3. 箱式托盘

箱式托盘由沿托盘四个边的板式、栅式或网式的栏板和下部平面组成，有些有顶板。箱式托盘可分为固定式托盘、折叠式托盘和可拆卸式托盘三种。

4. 滑片托盘（滑板）

按折翼的个数不同，滑片托盘分为单折翼型滑片托盘、双折翼型滑片托盘、三折翼型滑片托盘和四折翼型滑片托盘。

5. 轮式托盘

轮式托盘下部装有小型轮子，在生产企业物流系统中，可以兼做作业车辆。

6. 特种专用托盘

特种专用托盘包括航空托盘、平板玻璃托盘、油桶专用托盘、长尺寸物托盘、轮胎托盘等。

任务二　认识智能存储设备

🏠 学习情境

极速物流有限公司的仓储中心是一个大型仓配一体中心，主要为客户提供货物配备（集货、加工、分货、拣选、配货、包装）服务和送货服务。随着电商的火爆发展，仓储中心全面引进了自动化仓储系统。2022年5月2日，小威在仓储中心收到美的集团成都分公司发来的传真，称当天下午将有一批货物由送货员李宁送到极速2号库房。小威需要完成这一批货物的入库作业，首先他要认识智能存储设备，他该怎么做呢？

入库通知单的具体信息如表1-2-1所示。

表1-2-1　　　　　　　　　　　　　　入库通知单

入库通知单							
极速2号库房					2022年5月2日		
批次		202205					
采购订单号		20220502001					
客户指令号		20220502001		订单来源		传真	
客户名称		美的集团成都分公司		质量等级		优良	
入库方式		送货		入库类型		其他入库	
序号	条码号	名称	单位	规格 （mm×mm×mm）	申请 数量	实收 数量	备注
1	9487880767613	吸尘器	箱	600×550×600	28	28	
2	9487880767616	电熨斗	箱	600×550×600	45	45	
3	9487880767617	蒸气拖把	箱	600×550×600	20	20	
合计					93	93	

📍 学习目标

知识目标	掌握自动化立体仓库的概念
	掌握自动化立体仓库的种类
	掌握堆垛机的定义及分类
	掌握穿梭车的定义及分类
技能目标	能够阐述自动化立体仓库的适用条件
	能够辨识自动化立体仓库的结构
	能够辨识不同种类的穿梭车
	能够辨识不同种类的堆垛机
素养目标	形成科技创新意识

📋 任务书

完成任务单（见表1–2–2）中的任务。

表1–2–2　　　　　　　　　　　　任务单

专业班组		班长		日期	

任务：认识智能存储设备

检查意见：

签章：

👥 任务分组

学生按要求自行分组并填写任务分配表（见表1–2–3）。

表1-2-3　　　　　　　　　　　　任务分配表

班级		组号		指导教师	
组长		学号			
组员		姓名		学号	
任务分工					

 任务实施

🔍 引导问题1：分组讨论自动化立体仓库的定义。

_____

_____

_____

_____

_____

✂ 小提示

请扫描右侧二维码，观看视频并思考下列问题。

（1）相比传统仓储，自动化仓储的优势有哪些？

（2）在发展自动化仓储的过程中会遇到什么问题？

"一站式"自
动化仓储

引导问题2：请观察自动化立体仓库布局（见图1-2-1），并将图中序号与结构名称进行对应，并完成表1-2-4。

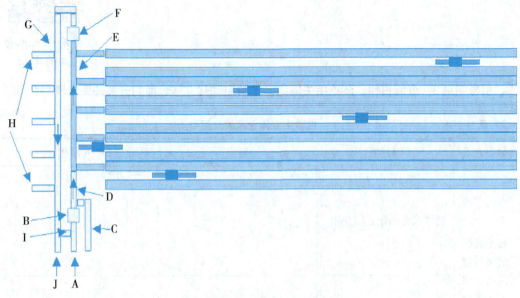

图1-2-1　自动化立体仓库布局

表1-2-4　　　　　　　　　　　自动化立体仓库主要结构

序号	结构名称
	入库端激光扫描站
	入库输送设备
	高频货输送机
	整托盘（箱）出货口
	低频货输送机
	出库端激光扫描站
	出库输送设备
	退货输送机
	拣选出货口
	主输送线

扫一扫

扫描右侧二维码查看自动化立体仓库的布局。

自动化立体仓
库的布局

引导问题3：查阅资料，浏览相关网页，了解自动化立体仓库的分类并完成表1-2-5。

表1-2-5　　　　　　　　　　　自动化立体仓库的分类

分类方式	种类	特点	图片示例
按照高层货架与建筑物之间的关系分类	整体式自动化立体仓库		
	分离式自动化立体仓库		
按照货物存取形式分类	单元货架式自动化立体仓库		
	移动货架式自动化立体仓库		
	拣选货架式自动化立体仓库		

（续表）

分类方式	种类	特点	图片示例
按照货架构造形式分类	单元货格式自动化立体仓库		
	贯通式自动化立体仓库		
	水平旋转货架式自动化立体仓库		
	垂直旋转货架式自动化立体仓库		
按照仓库所提供的储存条件分类	常温自动化立体仓库		
	低温自动化立体仓库		
	防爆型自动化立体仓库		

🔍 引导问题4：描述自动化立体仓库的优点和缺点，并完成表1-2-6。

表1-2-6　　　　　　　　　　自动化立体仓库的优点和缺点

自动化立体仓库的优点	自动化立体仓库的缺点

利用自动化立体仓库可实现仓库层高合理化、存取自动化、操作简便化。自动化立体仓库是当前技术水平较高的形式。

自动化立体仓库的优点和缺点可以通过扫描右侧二维码查看。

自动化立体
仓库的优点
和缺点

🔍 引导问题5：查阅资料，浏览相关网页，列举自动化仓储系统的主要组成及其作用，并完成表1-2-7。

表1-2-7　　　　　　　　　自动化仓储系统的主要组成及其作用

主要组成	作用

（续表）

主要组成	作用

🔍 引导问题6：通过网络查阅资料，了解智慧物流中还有哪些智能仓储设备，并举例说明。

_____

_____

_____

_____

_____

_____

✂️ **小提示**

　　自动化仓储系统以立体仓库和配送分拣中心为主要表现形式，由立体货架、有轨巷道式堆垛机、出入库托盘输送机系统、检测阅读系统、通信系统、自动控制系统、计算机监控管理系统等组成，涉及自动化控制、自动输送、场前自动分拣及场内自动输送等技术，通过可自动录入、管理和查验货物信息的软件平台，实现仓库内货物的自动化物理移动及信息的智能化管理，可广泛应用于各个行业。

评价反馈

各组代表展示作品，介绍任务的完成过程。作品展示前准备阐述材料，并完成表1-2-8、表1-2-9、表1-2-10。

表1-2-8　　　　　　　　　　　　学生自评表

序号	评价项目	学生自评
1	任务是否按时完成	
2	相关理论学习情况	
3	技能训练情况	
4	任务完成情况	
5	任务创新情况	
6	材料上交情况	
7	收获	

表1-2-9　　　　　　　　　　　　学生互评表

序号	评价项目	小组互评
1	任务是否按时完成	
2	材料上交情况	
3	作品质量	
4	语言表达能力	
5	小组成员合作情况	
6	是否有创新点	

表1-2-10　　　　　　　　　　　　教师评价表

序号	评价项目	教师评价
1	学习准备情况	
2	引导问题填写情况	

（续表）

序号	评价项目	教师评价
3	是否规范操作	
4	完成质量	
5	关键操作要领掌握情况	
6	完成速度	
7	是否进行5S管理	
8	参与讨论的主动性	
9	沟通协作情况	
10	展示汇报情况	

 学习情境相关知识点

知识点1：自动化仓储的定义

自动化仓储是指通过智能化技术手段，使仓储各环节实现精细化、动态化、可视化管理的仓储方式。相较传统仓储，自动化仓储可提高空间利用率、降低人力成本、提高仓储作业效率。

自动化仓储是仓库自动化的产物。自动化仓储可通过自动化技术和互联技术实现。这些技术可以提高仓库的作业效率，最大限度地降低人力成本，同时减少错误。

知识点2：自动化仓储的发展现状

自动化仓储是整个物流活动自动化板块中增长最稳定、成长空间最大的子板块之一。

1.下游市场更稳定

受益于现代物流业的快速发展，下游市场投资的确定性比一般制造业投资的确定性更高，因此自动化仓储受经济周期的扰动相对较小。

2.适应新型物流方式的需求

第三方物流、全冷链生鲜配送等新兴物流方式正在深刻地改变着下游市场，客户需要节约不断上涨的人工成本，同时，对处理速度、管理效率和用户体验的需求也在急剧上升，因此自动化仓储是适应新兴物流方式的最佳解决方案。

3.技术快速进步

随着物联网、机器视觉、仓储机器人、无人机等新技术的应用，自动化仓储正在以很快的速度发生变革。

知识点3：自动化仓储系统

利用自动化仓储系统可以快速地查找物品或者持续地检查过期的物品，防止产生

不良库存，提高管理水平。自动化仓储系统能充分利用储存空间，通过计算机可实现设备的联机控制，以先入先出的原则，迅速准确地处理物品，合理进行库存管理及数据处理。

自动化仓储系统一般包括自动化仓储管理软件、货架系统、拣货系统、输送系统、自动分拣机等。图1-2-2所示为自动分拣机。

图1-2-2　自动分拣机

☼ 知识点4：自动化立体仓库的概念及优缺点

自动化立体仓库又称自动存取系统（Automatic Storage and Retrieval System，AS/RS），是采用高层货架存放货物，以巷道式堆垛起重机为主，结合入库与出库周边设备来进行自动化仓储作业的一种仓库。自动化立体仓库的主体由货架、巷道式堆垛起重机、入（出）库工作台、操作控制系统和输送系统组成，如图1-2-3所示。货架是钢结构或钢筋混凝土结构的建筑物或结构体，货架内是标准尺寸的货位空间。巷道式堆垛起重机穿行于货架之间的巷道中，完成存货、取货的工作。

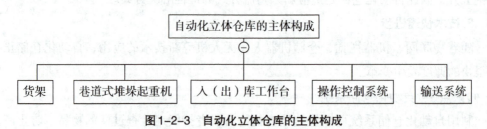

图1-2-3　自动化立体仓库的主体构成

自动化立体仓库的适用条件如图1-2-4所示。

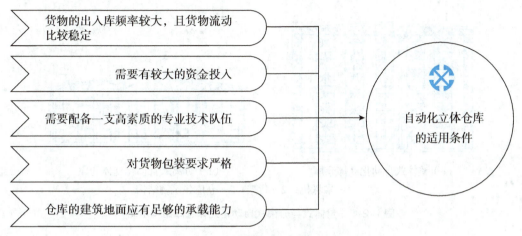

图1-2-4 自动化立体仓库的适用条件

自动化立体仓库的优点和缺点如表1-2-11所示。

表1-2-11 自动化立体仓库的优点和缺点

优点	缺点
①大大提高了仓库的单位面积利用率。 ②提高了劳动生产率，降低了劳动强度。 ③减少了物品处理和信息处理过程中产生的差错。 ④能合理、有效地进行库存控制。 ⑤能较好地满足特殊储存环境的需要。 ⑥提高了作业质量，保证物品在整个仓储过程的安全运行。 ⑦便于实现系统的整体优化	①结构复杂，配套设施多，需要的基础设备投资高。 ②货架安装精度要求高，施工比较困难，且施工周期长。 ③储存物品的品种受到一定限制，对长、大、笨重物品以及要求特殊保管条件的物品必须单独设立储存系统。 ④对仓库管理人员和技术人员要求较高，须经过专门培训才能胜任。 ⑤工艺要求高。 ⑥弹性较小，难以应付储存高峰的需求。 ⑦必须注意设备的保管和保养

知识点5：自动化立体仓库的类型

1. 按照高层货架与建筑物之间的关系分类

（1）整体式自动化立体仓库。

整体式自动化立体仓库内的货架除了能够储存货物以外，还是库房建筑物的支撑结构，是库房建筑物的重要组成部分，即货架与库房建筑物形成一个整体。这种形式的仓库建筑费用低、抗震性能好。具体结构如图1-2-5（a）所示。

（2）分离式自动化立体仓库。

分离式自动化立体仓库内的货架与库房建筑物是相互独立的，适用于车间仓库、

技术改造过的旧库和中小型自动仓库。具体结构如图1-2-5（b）所示。

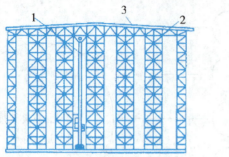

（a）整体式自动化立体仓库　　　　　　（b）分离式自动化立体仓库

1—堆垛机；2—货架；3—仓库建筑物结构

图1-2-5　整体式与分离式自动化立体仓库结构示意

2.按照货物存取形式分类

（1）单元货架式自动化立体仓库。

单元货架式自动化立体仓库是常见的仓库形式。货物先放在托盘或集装箱内，再装入单元货架的货位上。

（2）移动货架式自动化立体仓库。

移动货架式自动化立体仓库配置电动货架，货架可以在轨道上行走，由控制装置控制货架合拢和分离。作业时，货架分开，在巷道中可进行作业；不作业时，货架合拢，只留一条作业巷道。这种作业方式可提高空间的利用率，具体作业方式如图1-2-6所示。

移动导轨

图1-2-6　移动货架式自动化立体仓库的作业方式

（3）拣选货架式自动化立体仓库。

拣选货架式自动化立体仓库的分拣机构是其核心部分。分拣方式可分为巷道内分拣和巷道外分拣。"人到货前拣选"是指拣选人员乘拣选式堆垛机到货格前，从货格中拣选所需数量的货物。"货到人处拣选"是指将存有所需货物的托盘或货箱通过堆垛机运至拣选区，拣选人员按提货单的要求拣选出所需货物，再将剩余的货物送回原地。

3.按照货架构造形式分类

（1）单元货格式自动化立体仓库。

单元货格式自动化立体仓库类似单元货架式自动化立体仓库，其巷道占了1/3左右的仓库面积。具体结构如图1-2-7所示。

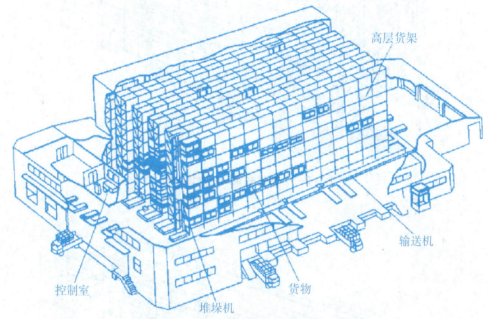

图1-2-7　单元货格式自动化立体仓库

（2）贯通式自动化立体仓库。

为了提高仓库利用率，可以取消位于各排货架之间的巷道，将个体货架合并在一起，使每一层、同一列的货架互相贯通，形成能一次存放多货物单元的通道，由起重机取货，形成贯通式自动化立体仓库。具体结构如图1-2-8所示。根据货物单元在通道内的移动方式，贯通式自动化立体仓库又可分为重力式货架仓库和穿梭小车式货架仓库。重力式货架仓库的每个存货通道只能存放同一种货物，所以它适用于货物品种不太多而数量又相对较大的仓库。穿梭小车式货架仓库内的货物可以由起重机从一个存货通道搬运到另一个通道。

（3）水平旋转货架式自动化立体仓库。

水平旋转货架式自动化立体仓库内的货架可以在水平面内沿环形路线来回运行。每组货架由若干独立的货柜组成，用一台链式传送机将这些货柜串联起来。每个货柜下方有支撑滚轮，上部有导向滚轮。传送机运转时，货柜便相应运动。需要提取某种货物时，只需在操作台上给予出库指令。当装有所需货物的货柜转到出货口时，货架停止运转。这种货架对于小件货物的拣选作业十分合适。它简便实用，充分利用空间，适用于作业频率要求不太高的场合。具体结构如图1-2-9所示。

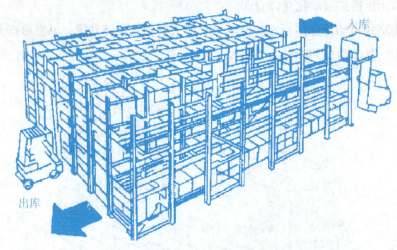

图1-2-8　贯通式自动化立体仓库

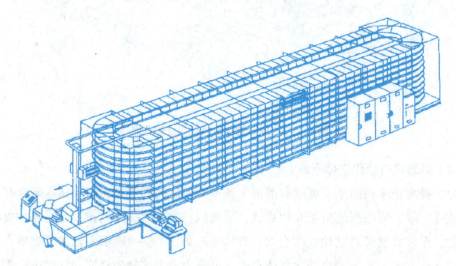

图1-2-9　水平旋转货架式自动化立体仓库

（4）垂直旋转货架式自动化立体仓库。

垂直旋转货架式自动化立体仓库与水平旋转货架式自动化立体仓库相似，只是把水平面内的旋转改为垂直面内的旋转。这种货架特别适用于存放长卷状货物，如地毯、地板革、胶片卷、电缆卷等。

4. 按照仓库所提供的储存条件分类

（1）常温自动化立体仓库。

温度一般控制在5～40℃，相对湿度控制在90%以下。

（2）低温自动化立体仓库。

低温自动化立体仓库又包括恒温仓库、冷藏仓库和冷冻仓库等。

恒温仓库：根据物品特性，可自动调节储存温度和湿度。

冷藏仓库：温度一般控制在0~5℃，这种仓库主要用于储存蔬菜和水果等。

冷冻仓库：温度一般控制在-25~-18℃，这种仓库适合存放肉类、疫苗等。

（3）防爆型自动化立体仓库。

防爆型自动化立体仓库主要以存放易燃易爆货物等危险货物为主，仓库的设计应严格按照防爆的要求进行。

☀ 知识点6：堆垛机的概述

1.堆垛机的概念

堆垛机又叫堆垛起重机，是整个自动化立体仓库的核心设备，是随着立体仓库的出现而发展起来的专用起重机，是在高层货架间的窄巷道内作业的起重机。堆垛机的使用大大提高了仓库的空间利用率。

堆垛机接收到作业指令后，可在巷道内水平行走，同时货叉也能够左右伸缩和升降等，完成指定货位的货物单元的存取作业，并与设在巷道端部的输送设备或固定交接货台进行货物单元的交接，从而实现货物的存取、传输和分拣等。因此，只要进行相关操作，就能控制堆垛机进行进出库作业。

2.堆垛机的分类

按照不同的分类标准，可以将堆垛机分为不同的类别。

（1）按起升高度不同，堆垛机可分为高层型堆垛机、中层型堆垛机、低层型堆垛机。

高层型堆垛机是指起升高度在15m以上的堆垛机，主要用在一体式的高层货架仓库中；中层型堆垛机是指起升高度在5~15m的堆垛机；低层型堆垛机是指起升高度在5m以下的堆垛机，主要用在分体式高层货架仓库和简易立体仓库中。

（2）按有无轨道，堆垛机可分为有轨堆垛机和无轨堆垛机。

有轨堆垛机是指堆垛机工作时沿着巷道内的轨道运行，其工作范围受轨道的限制，须配备出入库设备；而无轨堆垛机是没有轨道的堆垛机，又称高架叉车，没有轨道限制，工作范围较大。

（3）按自动化程度不同，堆垛机可分为手动堆垛机、半自动堆垛机和自动堆垛机。

手动堆垛机和半自动堆垛机上带有操作室，由人工操作控制堆垛机；而自动堆垛机可实现无人操作，由计算机自动控制堆垛机的整个操作过程，实现自动寻址，自动完成取出作业或存入作业。

（4）按用途不同，堆垛机可分为巷道式堆垛机和桥式堆垛机。

①巷道式堆垛机。

立体仓库中，使用频率最高的就是巷道式堆垛机。巷道式堆垛机是由叉车、桥式堆垛机演变而来的一种设备，是立体仓库中用于搬运和存取货物的主要设备。巷道式堆垛机是通过运行机构、起升机构和货叉机构的协调工作，完成货物在货架范围内的纵向和横向移动，实现货物在三维立体空间中的存取的设备。

巷道式堆垛机的主要用途是在高层货架间的巷道内来回穿梭运行，将位于巷道口的货物存入货格，或取出货格内的货物运送到巷道口。

巷道式堆垛机主要有以下五个特征。

a.整机结构高而窄。

采用巷道式堆垛机的仓库的货架很高，而货架间的巷道非常狭窄，巷道式堆垛机的宽度一般与所搬运的单元货物的宽度相等。

b.结构的刚度和精度要求高。

巷道式堆垛机的金属结构除需满足强度要求外，还要满足结构的刚度和精度要求。制动时，机架顶端水平位移一般不超过20mm，结构振动衰减时间要短。载货台在立柱上的升降导轨的不垂直度一般要求不超过5mm。

c.取物装置复杂。

巷道式堆垛机配备有特殊的取物装置，常用的有伸缩货叉、伸缩平板，工作时，能对两侧货架的货物进行存取作业。

d.巷道式堆垛机的电力拖动系统要同时满足三个要求：快速、平稳和准确。

一般要求停车定位精度 ≤ ±5mm，起升定位精度 ≤ ±3mm。

e.安全要求高。

巷道式堆垛机必须配备齐全的安全装置，并在电器控制上采取一系列保护措施。

巷道式堆垛机可按不同的分类标准分为不同的类别，如表1-2-12所示。

表1-2-12　　　　　　　　　　巷道式堆垛机的分类

类目	类型	特点	用途
按结构分类	单立柱型巷道式堆垛机	①机架结构是由1根立柱、上横梁和下横梁组成的框架。 ②结构刚度比双立柱型差	起重量为2吨以下，适用于起升高度在16m以下的仓库
	双立柱型巷道式堆垛机	①机架结构是由2根立柱、上横梁和下横梁组成的1个矩形框架。 ②结构刚度比较好。 ③起重量比单立柱型巷道式堆垛机大	①适用于各种起升高度的仓库。 ②一般起重量可达5吨，必要时还可以更大。 ③可高速运行

（续表）

类目	类型	特点	用途
按支承方式分类	地面支承型巷道式堆垛机	①支承在地面铺设的轨道上，用下部的车轮支承和驱动。②上部导轮用来防止堆垛机倾倒。③机械装置集中布置在下横梁，易保养和维修	①适用于各种高度的立体仓库。②适用于起重量较大的仓库。③应用广泛
	悬挂型巷道式堆垛机	①在悬挂于仓库屋架下弦装设的轨道下翼沿上运行。②在货架下部两侧铺设下部导轨，防止堆垛机摆动	①适用于起重量和起升高度较小的小型立体仓库。②使用较少
	货架支承型巷道式堆垛机	①支承在货架顶部铺设的轨道上。②在货架下部两侧铺设下部导轨，防止堆垛机摆动。③货架具有较大的强度和刚度	①适用于起重量和起升高度较小的小型立体仓库。②使用较少
按用途分类	单元型巷道式堆垛机	①以托盘单元或货箱单元进行出入库。②自动控制时，堆垛机上无操作人员	①适用于各种控制方式，应用最广。②可用于"货到人处拣选"的作业方式
	拣选型巷道式堆垛机	①在堆垛机上的操作人员从货架内的托盘单元或货箱单元中取少量货物，进行出库作业。②堆垛机上装有司机室	①一般为手动控制或半自动控制。②可用于"人到货前拣选"的作业方式

②桥式堆垛机。

桥式堆垛机具有起重机和叉车的双重结构特点，像起重机一样，具有桥架和回转小车。桥架在仓库上方运行，回转小车在桥架上运行。同时，桥式堆垛机具有叉车的结构特点，即具有固定式或可伸缩式的立柱，立柱上装有货叉或者其他取物装置。货架和仓库顶棚之间需要有一定的空间，保证桥架的正常运行。立柱可以回转，保证工作的灵活性。回转小车根据需要可以来回运行，因此桥式堆垛机可以服务多条巷道。桥式堆垛机的堆垛和取货是通过取物装置在立柱上运行实现的，因为立柱高度的限制，桥式堆垛机的作业高度不能太高。

☼ 知识点7：穿梭车的概述

穿梭车是指以往复或者回环的方式，在固定轨道上运行的台车。穿梭车配有智能感应系统，能自动记忆原点位置和自动减速，将货物运送到指定地点或接驳设备处。

1.穿梭车的分类

按照输送货物单元类型的不同，穿梭车可以分为托盘式穿梭车和箱式穿梭车，前者用于密集存储，后者用于拆零拣选。按照其作业场地的不同，两者又分别可分为输送型穿梭车和存取型穿梭车。穿梭车的分类如图1-2-10所示。

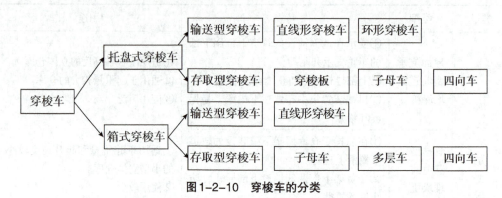

图1-2-10　穿梭车的分类

　　穿梭车由车体和移载装置构成。其中，多层车只能完成往复运动，有的可以依靠提升机完成换层；四向车可以完成平面内的x方向和y方向的运动，换层则通过提升机完成；还有一种子母车，母车完成巷道内x方向的运动，子车可以完成y方向的运动。

　　穿梭车解决了两大问题：一是密集存储问题；二是快速存取问题。

　　2.穿梭车系统的构成

　　穿梭车系统的构成多种多样，如图1-2-11所示。其中，调度系统是至关重要的子系统之一。

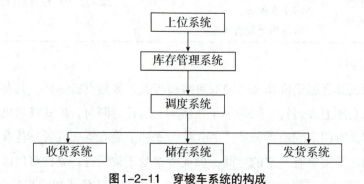

图1-2-11　穿梭车系统的构成

　　托盘式穿梭车系统主要用于密集存储。其收货系统主要包括输送机等；储存系统则包括货架、穿梭车、提升机等，有些也采用堆垛机完成穿梭车的换层；发货系统包括输送机及拣选系统等。有些系统比较简单，如穿梭板可以自行构成系统；有些系统则比较复杂，如需采用机器人完成入库码垛和出库拆垛等。托盘式穿梭车系统如图1-2-12所示。

　　箱式穿梭车系统主要适用于"货到人前"拣选的作业方式。其收货系统包括收货换箱工作站和收货输送系统等；储存系统包括货架、轨道、穿梭车、提升机等；发货系统则包括输送系统、拣选工作站和包装工作站等。根据实际应用不同，有些系统会更简单一些或更复杂一些。箱式穿梭车系统如图1-2-13所示。

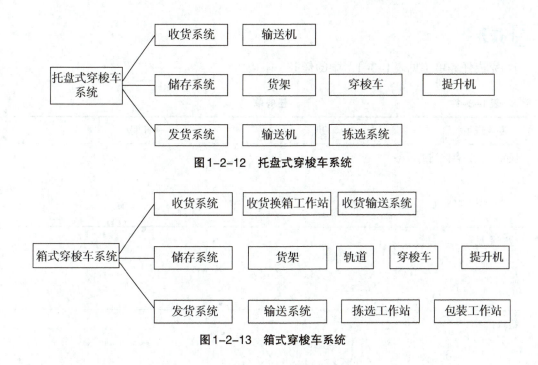

图1-2-12　托盘式穿梭车系统

图1-2-13　箱式穿梭车系统

任务三　认识存储辅助设备

学习情境

　　极速物流有限公司的仓储中心除了配备有常用的存储设备外，还需配置存储辅助设备。近日，极速物流有限公司与物美连锁超市有限公司（以下简称物美连锁超市）签订长期合同，专门负责物美连锁超市的商品的存储与周转。物美连锁超市的商品琳琅满目，需求量比较大，尤其一些日常消耗品的出入库的频率很高，且对养护和计量有一定要求。仓库经理陆超针对物美连锁超市的特点和需求，安排小威协助其共同添置一批养护设备和计量设备，小威该怎么做呢？

学习目标

知识目标	了解仓库常见的养护设备
技能目标	能根据货物的特点选择适当的通风设备
	能根据货物的特点选择适当的减湿设备
	能根据货物的特点选择适当的计量设备
素养目标	培养辩证思维

任务书

完成任务单（见表1-3-1）中的任务。

表1-3-1   任务单

专业班组		班长		日期	

任务：认识存储辅助设备

检查意见：

签章：

任务分组

学生按要求自行分组并填写任务分配表（见表1-3-2）。

表1-3-2   任务分配表

班级		组号		指导教师	
组长		学号			
组员	姓名			学号	
任务分工					

📑 任务实施

🔍 引导问题1：查阅资料，浏览相关网页，列举常见的通风设备、照明设备和保暖设备。

_____

_____

_____

_____

_____

_____

📝 小提示

　　常见的通风设备、照明设备、保暖设备有联动开窗机械、抽风机、各式电扇（见图1-3-1）、普通加罩电灯、探照灯、暖气装置（见图1-3-2）、防护火炉等。

图1-3-1　各式电扇

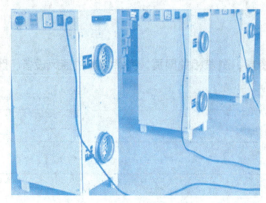

图1-3-2 暖气装置

🔍 引导问题2：请仔细查看以下设备图片，并用线将图片与设备名称连起来。

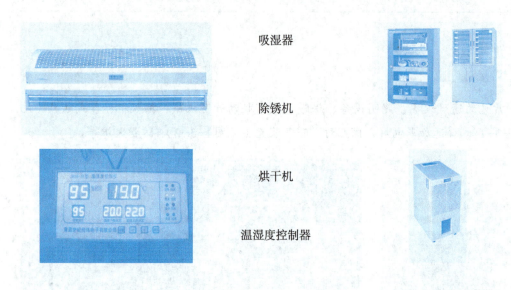

吸湿器

除锈机

烘干机

温湿度控制器

✏️ 小提示

养护设备是用于养护商品的设备，主要包括各种吸湿器、除锈机、烘干机、温湿度控制器等。

🔍 引导问题3：了解计量设备。

（1）什么是计量设备？

_____

_____

_____

（2）计量设备包括＿＿＿＿、＿＿＿＿、＿＿＿＿、＿＿＿＿等。

（3）重量计量设备包括＿＿＿＿、＿＿＿＿、＿＿＿＿、＿＿＿＿、＿＿＿＿和＿＿＿＿等。

 小提示

计量设备是在商品入库验收、在库检查和出库交接过程中使用的设备，如图1-3-3、图1-3-4所示。

图1-3-3 电子秤

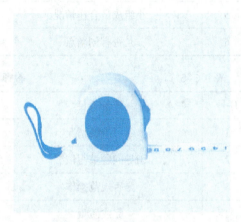

图1-3-4 卷尺

评价反馈

各组代表展示作品，介绍任务的完成过程。作品展示前准备阐述材料，并完成表1-3-3、表1-3-4、表1-3-5。

表1-3-3　　　　　　　　　　学生自评表

序号	评价项目	学生自评
1	任务是否按时完成	
2	相关理论学习情况	
3	技能训练情况	
4	任务完成情况	
5	任务创新情况	
6	材料上交情况	
7	收获	

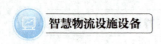 智慧物流设施设备

表1-3-4　　　　　　　　　　　　　　学生互评表

序号	评价项目	小组互评
1	任务是否按时完成	
2	材料上交情况	
3	作品质量	
4	语言表达能力	
5	小组成员合作情况	
6	是否有创新点	

表1-3-5　　　　　　　　　　　　　　教师评价表

序号	评价项目	教师评价
1	学习准备情况	
2	引导问题填写情况	
3	是否规范操作	
4	完成质量	
5	关键操作要领掌握情况	
6	完成速度	
7	是否进行5S管理	
8	参与讨论的主动性	
9	沟通协作情况	
10	展示汇报情况	

学习情境相关知识点

知识点1：仓库养护设备

仓库温度、湿度是影响库存物资质量的两个重要因素。仓库的通风系统、减湿设备等是实现仓库温湿度控制要求的重要保障。

1.通风系统

通风系统可分为自然通风系统和机械通风系统。

（1）自然通风系统主要通过室内外的温差和风对建筑物的作用调整室内温度，由于气体的扩散能力有限，所以自然通风系统的效果有限。

（2）机械通风系统依靠通风机所造成的压力差，借助通风管来实现空气输送。

2.减湿设备

减湿设备可以降低空气湿度，主要用于对相对湿度有一定要求的货物储存仓库。此外，地下建筑也需要减湿设备。

常用的减湿方法主要有三种：吸湿剂减湿、通风减湿和冷却减湿。

（1）吸湿剂减湿是利用吸湿剂降低空气湿度。吸湿剂包括带孔隙的硅胶、活性氧化铝、氯化钙等。

（2）通风减湿是采用自然通风与机械通风的方法降低湿度。

（3）冷却减湿是采用干冷却或湿冷却的方法，使空气温度降低到露点温度以下，此时空气中所含水蒸气超过其饱和量而从空气中凝结出来，从而达到降低湿度的目的。

☼ 知识点2：计量设备的含义

计量设备是指利用机械原理或电测原理确定物质物理量大小的设备。它是对物品的重量、长度、数量、容积等进行度量的设备的总称，适用于物品进出时的计量，以及货存期间的盘点、检查等。

仓库中应用的各种计量设备都必须具有稳定性、灵敏性、正确性和不变性的特点。

☼ 知识点3：计量设备的种类

仓库中使用的计量设备种类很多，可以分为重量计量设备、流体容积计量设备、长度计量设备和个数计量设备等。

1.重量计量设备

重量计量设备是仓库中最常用的计量装置，包括电子秤、地上衡、地中衡、轨道衡、自动检重秤、电子皮带秤等。

（1）电子秤。

电子秤一般由承重和传力机构、称重传感器、测量显示仪以及电源等组成。称重传感器将物品重量按一定的函数关系转化为电量（电压、电流、频率等）信号输出。各式电子秤如图1-3-5、图1-3-6所示。

图1-3-5　电子秤（台式）

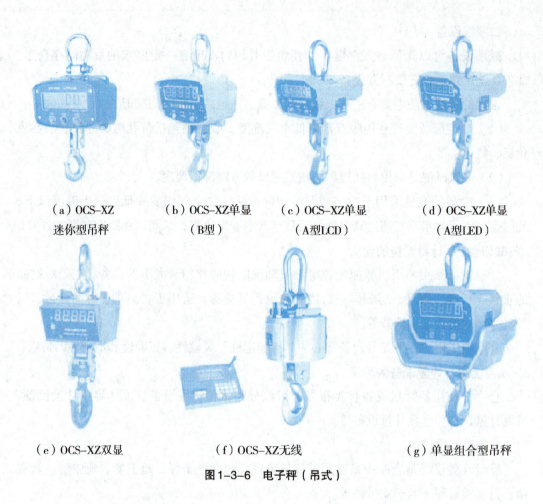

（a）OCS–XZ　　　　（b）OCS–XZ单显　　（c）OCS–XZ单显　　（d）OCS–XZ单显
　迷你型吊秤　　　　　（B型）　　　　　　（A型LCD）　　　　　（A型LED）

（e）OCS–XZ双显　　　　　（f）OCS–XZ无线　　　　　（g）单显组合型吊秤

图1–3–6　电子秤（吊式）

（2）地上衡和地中衡。

地上衡一般置于地上，如图1–3–7所示，主要适用于仓库、车间、工地、码头等场地。地中衡一般置于地下，如图1–3–8所示，是将磅秤台面安装在车辆行驶的路面上，使通过的车辆能够迅速称重的一种计量设备。

图1–3–7　地上衡

图1-3-8　地中衡

（3）轨道衡。

轨道衡是有轨式的地下磅秤，如图1-3-9所示，在有轨车辆通过时可以称出车辆的总重量。轨道衡可用于港口、铁路编组站及有铁路专用线的工矿企业对大宗货物的快速计量。

图1-3-9　轨道衡

（4）自动检重秤。

自动检重秤是一种对不连续成件载荷进行自动称量的设备。它能够按照预先设定的重量对被称物品的重量进行检验。如果被称物品的重量不在设定的范围内，自动检重秤则自动检出，同时发出报警信号。

自动检重秤主要适用于自动包装生产线或物流输送系统，它可以精确地检测出自动包装生产线上的不合格产品，并且具有对物品的重量进行连续检测的功能，可以根据设定对物品进行分类和统计。

（5）电子皮带秤。

电子皮带秤主要由秤体、称重传感器、测速传感器和计算机计算仪四部分组成。它根据重力作用对皮带输送机所输送的松散物料进行自动连续计量，广泛应用于电力、煤炭、冶金、化工、建材等行业。

2. 流体容积计量设备

流体容积计量设备包括流量计、液面液位计等，如图1-3-10所示。流体容积计量设备多用在特殊专用场合，属于专用计量设备。

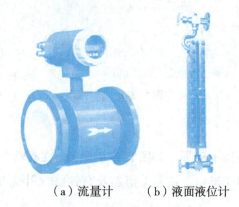

（a）流量计　　　（b）液面液位计

图1-3-10　流体容积计量设备

3. 长度计量设备

长度计量设备包括检尺器、自动长度计量仪等。长度计量设备主要用于钢材、木材等的尺寸计量，利用长度可进一步计算出重量或体积。

4. 个数计量设备

个数计量设备包括自动计数器和自动计数显示装置等。

任务四　安全使用消防设备

🏠 **学习情境**

仓库安全管理是仓库管理的重要组成部分，为了更好地服务客户，保证在库货品的安全，小威协助仓库经理陆超对极速物流有限公司仓储中心的消防设备进行检查。

学习目标

知识目标	了解灭火器的种类
技能目标	能根据不同情况正确选用消防设备进行灭火作业
	能采取正确的消防措施并进行火灾处理
素养目标	熟悉设备操作安全规范，具备安全意识和规范意识

任务书

完成任务单（见表1-4-1）中的任务。

表1-4-1　　　　　　　　　　　　　任务单

专业班组		班长		日期	

任务：安全使用消防设备

检查意见：

签章：

任务分组

学生按要求自行分组并填写任务分配表（见表1-4-2）。

表1-4-2　　　　　　　　　　　　任务分配表

班级		组号		指导教师	
组长		学号			
组员	姓名			学号	

（续表）

组员	姓名	学号
任务分工		

任务实施

🔍 引导问题1：常用的安全消防设备有哪些？

_____

_____

_____

_____

小提示

安全消防设备是指用于防盗与防火的各种安全消防器材的总称。按照其用途，安全消防设备通常分为防盗报警传感器、火灾自动报警设备、灭火器，以及消防车、消防梯、消防水泵等。

🔍 引导问题2：查阅资料，浏览相关网页，了解灭火器相关内容。

（1）灭火器是扑救初起火灾的重要消防器材，它轻便、灵活、实用，是仓库消防中较理想的第一线灭火工具。灭火器主要由_____和_____组成。

（2）灭火器的器头是操作机构，其性能直接影响灭火器的使用效能，由_____装置、启动装置、_____装置、压力反应装置及_____装置等组成。

（3）常见的灭火器如图1-4-1所示。

①_____灭火器是以干粉为灭火剂，以二氧化碳或氮气为驱动气体的灭火器，具有无毒、无腐蚀、灭火迅速的优点，适用于扑救石油及石油产品引起的火灾，尤其是可燃气体、易燃气体、电气设备的初起火灾。

②_____灭火器在灭火时，能喷射出大量二氧化碳及泡沫，它们能黏附在可燃物

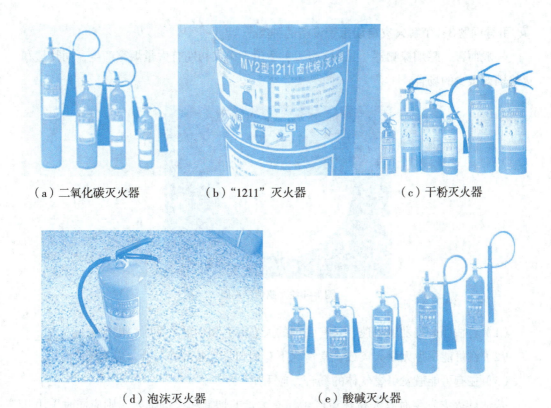

（a）二氧化碳灭火器　　　（b）"1211"灭火器　　　（c）干粉灭火器

（d）泡沫灭火器　　　　（e）酸碱灭火器

图1-4-1　常见的灭火器

上，使可燃物与空气隔绝，达到灭火的目的。适用于扑救B类火灾，如油制品、油脂等引起的火灾，也适用于扑救A类火灾，但不能用于扑救B类火灾中的水溶性可燃、易燃液体引起的火灾，如醇、酯、醚、酮等物质引起的火灾，也不能用于扑救带电设备引起的火灾、C类火灾和D类火灾。

③_____灭火器是以液化的二氧化碳气体本身的蒸气压力作为喷射动力的灭火器。它不导电，适用于扑救可燃液体、易燃液体和可燃气体引起的火灾，以及低压电气设备、仪器、仪表等的初起火灾。

④_____灭火器内装有碳酸氢钠溶液和硫酸，用时将筒身颠倒，两种液体混合产生二氧化碳气体和水，喷射到燃烧物上，使温度降低，直至冷却而灭火。它适用于扑救竹、木、纸张、棉花等普通可燃物的初起火灾。由于灭火器带有酸性，因此不宜用于扑救忌酸、忌水的化学品及油类等引起的火灾。在扑救电器时，将电源切断后才能使用。

⑤_____灭火器是以二氟一氯一溴甲烷为灭火剂，以氮气为驱动气体的灭火器。"1211"是卤化物二氟一氯一溴甲烷的代号。这种灭火器具有灭火效率高、速度快、毒性低、电绝缘性好、对金属无腐蚀、灭火后不留痕迹等优点，适用于扑救油类、电气设备、图书、工艺品等的初起火灾，可设置在贵重物品仓库等地点。

🔍 **引导问题3：了解火灾自动报警设备的种类。**

一般而言，感烟探测器（见图1-4-2）适用于火灾初期有大量烟雾产生，而热量和火焰辐射很少的场合。

图1-4-2　感烟探测器

（1）若估计火灾发展迅速，且有强烈的火焰辐射和少量的烟时，则应采用_____。

（2）在可能发生无烟火灾或正常情况下有烟和蒸气滞留的场合，应采用_____。

（3）在有可能散发可燃气体的场合，应采用_____。

若估计火灾发生时有大量热量产生，有大量的烟雾和火焰辐射，则应同时采用几种探测器，以便对火灾现场的各种参数变化作出快速反应。若对某些场合的火灾特 点无法预料，应进行模拟试验，根据试验结果选择探测器。

🔍 **引导问题4：查阅资料，浏览相关网页，了解常规的灭火方法及其特点。**

_____

_____

_____

_____

🔍 **引导问题5：分组讨论如何正确报火警。**

_____

_____

_____

_____

🔍 **引导问题6**：查阅资料，浏览相关网页，绘制符合国家规定的消防安全疏散标识。

 小提示

　　仓库要有领导专门分管消防工作，制定消防安全制度、消防安全操作规程，配备相关的安全消防设备，并确定专人负责。定期组织防火检查，及时消除火灾隐患，保障疏散通道、安全出口畅通，并设置符合国家规定的消防安全疏散标识。常用的消防安全疏散标识可通过扫描右侧二维码查看。

常用的消防
安全疏散
标识

🇺 **评价反馈**

　　各组代表展示作品，介绍任务的完成过程。作品展示前应准备阐述材料，并完成表1-4-3、表1-4-4、表1-4-5。

表1-4-3　　　　　　　　　　　　　学生自评表

序号	评价项目	学生自评
1	任务是否按时完成	
2	相关理论学习情况	
3	技能训练情况	

（续表）

序号	评价项目	学生自评
4	任务完成情况	
5	任务创新情况	
6	材料上交情况	
7	收获	

表1-4-4　　　　　　　　　　　　学生互评表

序号	评价项目	小组互评
1	任务是否按时完成	
2	材料上交情况	
3	作品质量	
4	语言表达能力	
5	小组成员合作情况	
6	是否有创新点	

表1-4-5　　　　　　　　　　　　教师评价表

序号	评价项目	教师评价
1	学习准备情况	
2	引导问题填写情况	
3	是否规范操作	
4	完成质量	
5	关键操作要领掌握情况	
6	完成速度	
7	是否进行5S管理	
8	参与讨论的主动性	
9	沟通协作情况	
10	展示汇报情况	

学习情境相关知识点

☀ 知识点1：灭火器的种类

灭火器是一种可携式灭火工具，是常见的消防器材之一。灭火器内放置化学物品，用以扑救火灾。灭火器存放在公共场所或可能发生火灾的地方，不同种类的灭火器内装填的化学物品的成分不一样，使用时必须注意，以免产生反效果或产生危险。

灭火器的种类有很多，按其移动方式的不同，灭火器可分为手提式灭火器和推车式灭火器；按驱动灭火剂的动力来源的不同，灭火器可分为储气瓶式灭火器、储压式灭火器、化学反应式灭火器；按其充装的灭火剂的不同，灭火器又可分为干粉灭火器、泡沫灭火器、二氧化碳灭火器、清水灭火器、酸碱灭火器等。

1.干粉灭火器

干粉灭火器利用二氧化碳气体或氮气气体作动力，将瓶内的干粉喷出灭火。干粉灭火器内充装的是干粉灭火剂。干粉灭火剂是干燥且易于流动的微细粉末，由具有灭火效能的无机盐和少量的添加剂经干燥、粉碎、混合而成。干粉灭火器利用压缩的二氧化碳吹出干粉来灭火。

碳酸氢钠干粉灭火器适用于扑救可燃、易燃液体和气体及带电设备的初起火灾，磷酸铵盐干粉灭火器除可用于扑救上述几类火灾外，还可扑救固体类物质的初起火灾，但都不能扑救金属的初起火灾。

2.泡沫灭火器

泡沫灭火器在灭火时，能喷射出大量二氧化碳及泡沫，它们能黏附在可燃物上，使可燃物与空气隔绝，同时降低温度，破坏燃烧条件，从而达到灭火的目的。

泡沫灭火器包括手提式泡沫灭火器和推车式泡沫灭火器等。

泡沫灭火器应存放于干燥、阴凉、通风并取用方便的地方，不可靠近高温或可能受到曝晒的地方，以防止碳酸分解而失效。冬季要采取防冻措施，以防止冻结，并应经常擦除灰尘、疏通喷嘴，使之保持通畅。

泡沫灭火器可扑救A类火灾，如木材、棉布等固体物质燃烧引起的火灾；最适宜扑救B类火灾，如汽油、柴油等液体引起的火灾；不能扑救水溶性可燃、易燃液体（如醇、酯、醚、酮等物质）引起的火灾等。

3.二氧化碳灭火器

二氧化碳灭火器瓶体内存有液态二氧化碳，工作时，压下瓶阀的压把，内部的二氧化碳灭火剂便由虹吸管经瓶阀从喷筒喷出，使燃烧区氧的浓度迅速下降，当二氧化碳达到足够浓度时，火焰会熄灭。同时由于液态二氧化碳会迅速汽化，在很短的时间内吸收大量的热量，因此对燃烧物起到一定的冷却作用，也有助于灭火。

推车式二氧化碳灭火器由筒体、喷管总成、器头总成和车架总成构成。筒体由优质合金钢经特殊工艺加工而成，重量比碳钢减少了40%。这类灭火器具有操作方便、安全可靠、易于保存、轻便美观等特点。

二氧化碳灭火器适用于扑救易燃液体及可燃气体的初起火灾，也可扑救带电设备的火灾。常应用于实验室、计算机房、变配电所，以及对精密电子仪器、贵重设备或货品维护要求较高的场所。

4.清水灭火器

清水灭火器中的灭火剂为清水。水在常温下具有较低的黏度、较高的热稳定性、较大的密度和较高的表面张力，是一种古老且使用范围广泛的天然灭火剂，易于获取和储存。

它主要依靠冷却作用和窒息作用灭火。因为每千克水自常温加热至沸点并完全蒸发汽化，可以吸收2593.4kJ的热量。因此，它利用自身吸收显热和潜热的能力发挥冷却灭火作用，这是其他灭火剂无法比拟的。此外，水被汽化后形成的水蒸气为惰性气体，且体积将膨胀1700倍左右。

在灭火时，由水汽化产生的水蒸气将占据燃烧区的空间，稀释燃烧物周围的氧含量，阻碍新鲜空气进入燃烧区，使燃烧区内的氧浓度大大降低，从而达到窒息灭火的目的。当水呈喷淋雾状时，形成的水滴和雾滴的比表面积将大大增加，增强了水与火之间的热交换作用，从而强化了其冷却作用和窒息作用。

对一些易溶于水的可燃、易燃液体还可起稀释作用；采用强射流产生的水雾可使可燃、易燃液体产生乳化作用，使液体表面迅速冷却，可燃蒸气的产生速度下降，从而达到灭火的目的。

5.酸碱灭火器

酸碱灭火器内有两个容器，分别盛放两种液体，分别是硫酸和碳酸氢钠溶液。两种溶液互不接触时，不发生任何化学反应。当使用酸碱灭火器时，将其倒立，两种溶液就会混合在一起，产生大量的二氧化碳气体。

除了这两种反应物外，酸碱灭火器中还加入了一些发泡剂。打开开关，泡沫从酸碱灭火器中喷出，覆盖在燃烧物上，使正在燃烧的物质与空气隔离，并降低温度，从而达到灭火的目的。

☆ **知识点2：灭火器的使用方法**

在发生火灾时，使用灭火器材及时地扑救初起火灾是避免火灾蔓延、扩大和造成更大损失的有力措施。下面就清水灭火器、泡沫灭火器、二氧化碳灭火器、干粉灭火器和"1211"灭火器的使用方法进行讲解。

1.清水灭火器的使用方法

清水灭火器充装的是清洁的水，主要用于扑救固体物质火灾，如木材、纺织品等的初起火灾。

清水灭火器的使用方法如下。

（1）将清水灭火器提至火场，在距燃烧物大约10m处，将灭火器直立放稳。

（2）摘下保险帽，用手掌拍击开启杆顶端的凸头，这时清水便从喷嘴喷出。

（3）清水从喷嘴喷出时，立即用一只手提起灭火器筒盖上的提环，另一只手托起灭火器的底圈，将喷射的水流对准燃烧最猛烈处喷射。

随着灭火器喷射距离的缩短，操作者应逐渐向燃烧物靠近，使水流始终喷射在燃烧处，直至将火扑灭。清水灭火器在使用过程中应始终与地面保持大致垂直的状态，不能颠倒或横卧，否则会影响水流喷出。

2.泡沫灭火器的使用方法

泡沫灭火器分为化学泡沫灭火器和空气泡沫灭火器。泡沫灭火器喷出的泡沫较轻，在可燃物的表面覆盖，起着阻隔空气的作用，使燃烧因此而停止。

泡沫灭火器最适合扑救油类火灾，如汽油、柴油和煤油等引起的火灾；也适用于扑救木材、纤维和橡胶等固体可燃物引起的火灾。因泡沫有导电作用，故不宜用来扑救电器引起的火灾。

泡沫灭火器的使用方法如下。

（1）使用化学泡沫灭火器时，将筒体颠倒过来，一只手紧握提环，另一只手扶住筒体的底圈，将射流对准燃烧物。应始终保持灭火器的倒置状态，以免喷射中断。不使用时，不得使灭火器过分倾斜，更不可横卧或颠倒，以免灭火器中的两种药剂混合而导致泡沫提前喷出。

（2）使用空气泡沫灭火器时，应在距燃烧物6m左右处，拔出保险销。具体操作方法为一只手握住开启压把，另一只手紧握喷枪，然后将灭火器密封开启，使泡沫从喷枪口喷出。在使用空气泡沫灭火器的过程中，应一直紧握开启压把，不能松开，也不能将灭火器倒置或横卧，否则会中断喷射。

3.二氧化碳灭火器的使用方法

二氧化碳灭火器又称干冰灭火器。液态的二氧化碳在汽化时大量吸热，造成降温冷却，同时二氧化碳本身具有窒息作用，可以用来灭火。二氧化碳灭火器最适用于扑救电气设备引起的火灾，各种可燃、易燃液体和气体燃烧引发的火灾等。

二氧化碳灭火器的优点是它可以及时汽化、不留痕迹，不会损坏未燃烧的物品。但是二氧化碳对人体同样具有窒息作用，在使用时要注意防止对人体造成伤害。

二氧化碳灭火器的使用方法如下。

（1）将灭火器提或扛到火场，在距燃烧物5m左右的地方放下灭火器，拔出保险销，一只手握住喇叭筒根部的手柄，另一只手紧握启闭阀的压把，将二氧化碳喷向燃

烧物。

（2）灭火器在喷射过程中应保持直立状态，不可平放或颠倒。

（3）在室外使用二氧化碳灭火器时，应选择在上风方向喷射，并且手要放在钢瓶的木柄上，防止冻伤。在室内窄小空间使用时，灭火后操作者应迅速离开，以防窒息。

4. 干粉灭火器的使用方法

干粉灭火剂（如碳酸氢钠粉等）是干燥、易流动、不燃、不结块的粉末，主要起覆盖窒息的作用，还能阻止燃烧的液体流动。

干粉灭火器的使用方法如下。

（1）使用手提式干粉灭火器时，应手提灭火器的提把，迅速赶到着火处。

（2）在距离燃烧处5m左右放下灭火器，如在室外使用，应选择在上风方向喷射。

（3）使用内装式或储压式干粉灭火器时，应先拔下保险销，一只手握住喷嘴，另一只手将开启压把压下，打开灭火器灭火。如果使用外挂储压式干粉灭火器，应一只手紧握喷枪，另一只手提起储气瓶上的开启提环。如果储气瓶的开启是手轮式的，则按逆时针方向旋开，并旋到最高位置，随即提起灭火器灭火。

（4）当干粉喷出后，应迅速对准火焰的根部，左右晃动扫射，使干粉能够迅速覆盖燃烧物的表面。如条件许可，可提着灭火器沿着燃烧物的四周边走边喷，使干粉灭火剂均匀地喷在燃烧物的表面，直至将火焰完全扑灭。

✖ 扫一扫

请扫描右侧二维码，查看干粉灭火器的使用方法。

干粉灭火器
的使用方法

5. "1211" 灭火器的使用

"1211" 是二氟一氯一溴甲烷的代号，它是我国目前生产和使用最广的一种卤代烷灭火剂，以液态罐装在钢瓶内。它的灭火效率高、毒性低、腐蚀性小、久储不变质、灭火后不留痕迹、不污染被保护物、绝缘性能好，适合用于油类、电器等初起火灾的扑救。

"1211" 灭火器的使用方法如下。

（1）通过手提或肩扛的方式将灭火器带到火灾现场。

（2）在距离燃烧处5m左右放下灭火器，拔出保险销，一只手握住开启压把，另一只手握在喷射软管前端的喷嘴处，如灭火器无喷射软管，可一只手握住开启压把，另一只手扶住灭火器的底圈部分。先将喷嘴对准燃烧处，用力握紧开启压把使灭火器喷射。

（3）灭火器使用时不能颠倒，也不能横卧，否则灭火剂不会喷出。

（4）因"1211"灭火剂有一定的毒性，故为防止对人体造成伤害，在室外使用时，应选择在上风方向喷射，在窄小的室内使用时，灭火后操作者应迅速撤离。

🛠 扫一扫

扫描右侧二维码查看视频，了解推车式"1211"灭火器的使用方法。

推车式
"1211"灭
火器的使用
方法

💡 知识点3：常用的灭火方法

1.冷却灭火法

冷却灭火法是灭火的一种主要方法，常用水和二氧化碳作灭火剂，通过冷却降温进行灭火。将灭火剂直接喷射到燃烧物上，以增加散热量，使燃烧物的温度降低至燃点以下，燃烧停止；或者将灭火剂喷洒在火源附近的物体上，使其不受火焰辐射热的威胁，避免形成新的火点。灭火剂在灭火过程中不参与燃烧过程中的化学反应。这种方法属于物理灭火方法。

2.窒息灭火法

窒息灭火法是阻止空气流入燃烧区或用不燃物质冲淡空气，使燃烧物得不到足够的氧气而熄灭的灭火方法。具体方法是：用沙土、水泥、湿麻袋、湿棉被等不燃或难燃物质覆盖燃烧物；喷洒雾状水、干粉、泡沫等灭火剂覆盖燃烧物；用水蒸气或氮气、二氧化碳等惰性气体灌注发生火灾的容器、设备；密闭起火建筑、设备等；把不燃的气体或液体（如二氧化碳、氮气、四氯化碳等）喷洒到燃烧物区域内或燃烧物上。

3.隔绝灭火法

隔绝灭火法就是将火源处或其周围的可燃物隔离或移开的灭火方法，燃烧会因缺少可燃物而停止。如将火源附近的可燃、易燃、易爆和助燃物品搬走；关闭可燃气体、可燃液体管路的阀门，以减少和阻止可燃物进入燃烧区；设法阻拦流散的液体；拆除与火源处毗连的易燃建筑物等。

4.分散灭火法

分散灭火法是将集中的货物迅速分散，孤立火源的灭火方法，一般用于露天仓库。

💡 知识点4：仓库防火措施

1.普及防火知识

仓库应经常进行防火宣传教育，普及消防知识，不断提高全体仓库职工防火的警惕性，让每个职工都学会防火灭火方法。

2.遵守《建筑设计防火规范》的规定

新建或改建的仓库要严格遵照《建筑设计防火规范》的规定，不得擅自搭建违章建筑，也不得随意改变建筑的使用性质。仓库的防火间距内不得堆放可燃物品，不得破坏建筑物内已有的消防安全设施，消防通道要保持畅通。

3.危险品仓库必须符合防火防爆要求

凡是储存易燃易爆物品的危险品仓库必须严禁烟火。危险品应专库专储，性能相抵触的物品必须严格分开储存和运输。专库须由专人管理，防止剧烈震动和撞击。危险品仓库应选用不会产生电火花的电气开关。

4.电气设备应始终符合相关规范的要求

仓库中的电气设备不仅要按相关规范安装，而且要经常检查，一旦发现绝缘损坏要及时更换，不应超负荷运行，不应使用不符合规范的保险装置。电气设备附近不能堆放可燃物品，工作结束后应及时切断电源。

5.明火作业须经消防部门批准方可动火

若需电焊、气割、烘烤取暖、安装锅炉等，须向有关的消防部门申请，批准后才能动火工作。

6.配备适量的消防设备和火灾报警装置

应根据仓库的规模、性质、特点，配备一定数量的消防设备及火灾报警装置。这些器材应按防火灭火的要求，分别布置在明显和便于使用的地点，并定期进行维护和保养，使之始终保持完好状态。

7.遇火情或爆炸事故应立即报警

如遇仓库发生火情或爆炸事故，必须立即报警。事故过后，应根据"三不放过"的原则，认真追查原因，严肃处理事故责任者，并以此教育广大职工。

☼ 知识点5：正确报火警

《中华人民共和国消防法》第四十四条明确规定：任何人发现火灾都应当立即报警。任何单位、个人都应当无偿为报警提供便利，不得阻拦报警。严禁谎报火警。所以一旦失火，要立即报警，报警越早，损失越小。

报警时要牢记以下七点。

（1）要牢记火警电话"119"。

（2）接通电话后要沉着冷静，向接警中心讲清失火单位的名称、地址、什么东西着火、火势大小以及着火的范围。同时还要注意听清对方提出的问题，以便正确回答。

（3）把自己的电话号码和姓名告诉对方，以便联系。

（4）打完电话后，要立即到交叉路口等候消防车的到来，以便引导消防车迅速赶到火灾现场。

（5）迅速组织人员疏通消防车道，清除障碍物，使消防车到火场附近后能立即进入最佳位置灭火救援。

（6）如果着火区域发生了新的变化，要及时报告消防队，使他们能及时改变灭火战术，以便取得最佳效果。

（7）在没有电话或没有消防队的地方，如偏远地区，可采用敲锣、吹哨、喊话等方式向四周报警，动员乡邻来灭火。

 **思政点拨**

以智能制造推动产业创新升级

《商务部等10部门关于支持国家级经济技术开发区创新提升更好发挥示范作用若干措施的通知》中，"着力推动制造业提质增效"的措施中提到：提升产业创新能力。鼓励国家级经开区内制造业企业应用人工智能、大数据、工业云等新技术，以工业互联网平台为依托，开展智能制造，提升数字化、网络化、智能化发展水平。在产业链中运用智能采购、智能物流、供应链集成等技术，推动整体产业链融合和智能发展，对于国家级经开区智能制造优秀企业，优先支持其申报"智能制造标准应用试点""高新技术产业标准化试点示范"。

在数字化转型的大背景下，仓储物流的自动化、智能化是创新的体现，这种创新能够推动企业生产管理由结果导向转为过程控制，释放产能，创造更多价值。

在智能采购、智能物流、供应链集成等技术的运用中，规范的操作流程和统一的标准能够确保产业链的高效融合和智能发展。

在推动整体产业链融合和智能发展的过程中，也需要关注可能产生的安全隐患，如供应链安全、网络安全等，确保产业升级的同时不牺牲安全。

项目二　智慧装卸搬运设备的选用

任务一　认识常规装卸搬运设备

🏪 学习情境

极速物流有限公司的仓储中心是一个大型仓配一体中心，主要为客户提供货物配备（集货、加工、分货、拣选、配货、包装）服务和送货服务。2022年5月2日，小威在仓储中心收到客户美的集团成都分公司发来的传真，称当天下午将有一批货物由送货员李宁送到极速2号库房。小威需要完成这一批货物的入库作业，小威该怎么选择装卸搬运设备呢？

入库通知单具体信息如表2-1-1所示。

表2-1-1　　　　　　　　　　　　　入库通知单

入库通知单							
极速2号库房					2022年5月2日		
批次		202205					
采购订单号		20220502001					
客户指令号		20220502001		订单来源		传真	
客户名称		美的集团成都分公司		质量		优良	
入库方式		送货		入库类型		其他入库	
序号	条码号	名称	单位	规格 （mm×mm×mm）	申请 数量	实收 数量	备注
1	9487880767613	吸尘器	箱	600×550×600	28	28	
2	9487880767616	电熨斗	箱	600×550×600	45	45	
3	9487880767617	蒸气拖把	箱	600×550×600	20	20	
合计					93	93	

🎯 学习目标

知识目标	了解常见的装卸搬运设备类型
	掌握常用的叉车类型及适用范围
	理解物流企业中常见的连续输送设备
技能目标	能够准确辨别不同类型叉车的结构、适用范围以及操作标准
	能够辨别物流企业中常见的连续输送设备类型
	能够根据订单需求正确选择常规装卸搬运设备
素养目标	培养效益与效率意识，不断提升自身发展动力

📋 任务书

完成任务单（见表2-1-2）中的任务。

表2-1-2　　　　　　　　　　　　任务单

专业班组		班长		日期	

任务：认识常规装卸搬运设备

检查意见：

签章：

任务分组

学生按要求自行分组并填写任务分配表（见表2-1-3）。

表2-1-3　　　　　　　　　　　任务分配表

班级		组号		指导教师	
组长		学号			
组员		姓名		学号	
任务分工					

任务实施

🔍 **引导问题1：查阅资料，浏览相关网页，了解手动液压搬运车相关内容。**

（1）手动液压搬运车也叫重物移运器、地牛等，内置小体积液压装置，操作简单，使用方便，具有＿＿、＿＿、＿＿三大功能。

（2）手动液压搬运车主要适用于＿＿＿＿＿＿场合，可搬运各类机械或者其他重物，配合千斤顶、手摇挎顶等起重工具一起使用，可降低劳动强度，提高效率。

（3）手动液压搬运车的承载能力为＿＿吨，作业通道宽度一般为＿＿米。

（4）请在图2-1-1中填写手动液压搬运车各部位的名称。

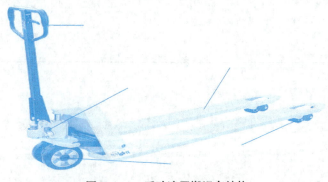

图2-1-1　手动液压搬运车结构

✂ 扫一扫

通过扫描右侧二维码，查看手动液压搬运车的正确操作方法。

手动液压搬
运车的正确
操作方法

🔍 引导问题2：查阅资料，浏览相关网页，了解电动搬运车的分类并完成表2-1-4。

表2-1-4　　　　　　　　　　　电动搬运车的分类

种类	图片	结构及适用场合

引导问题3：分组讨论叉车的基本概念和用途。

_____

_____

_____

_____

_____

 小提示

　　叉车又名叉车装卸机，货叉是其主要的取物装置。叉车依靠液压起升机构实现货物的托取、码垛等作业，依靠轮胎运行机构实现货物的水平运输。叉车是仓库装卸搬运机械中应用最广泛的一种设备，具有选用性强、机动灵活、效率高；可以"一机多用"；能提高仓库的容积利用率；有利于开展托盘成组运输和集装箱运输；成本低，投资少，能取得较好的经济效益等特点。

引导问题4：请仔细查看以下叉车图片和特点描述，并将图片与对应的叉车种类、特点用线连起来。

内燃机式叉车

广泛应用于港口、车站、机场、货场、工厂车间、仓库、流通中心和配送中心等。可进入船舱、车厢和集装箱内进行托盘货物的装卸搬运作业，是托盘运输、集装箱运输中必不可少的设备。

蓄电池式叉车

采用电驱动，操作控制简便、灵活，操作人员的操作强度相对内燃机式叉车而言轻很多，其电动转向系统、加速控制系统、液压控制系统以及刹车系统都由电信号来控制，大大降低了操作人员的劳动强度，提高了工作效率以及工作的准确性。具有无污染、易操作、节能高效等优点。

平衡重式叉车

由蓄电池提供动力，是对成件托盘货物进行装卸、堆垛和短距离运输的前移轮式搬运车辆。一般用于室内作业。转弯半径很小，可有效提高仓库的面积利用率。

前移式叉车

此类型叉车车体前方装有升降货叉，车体尾部装有平衡重块，需要较大的作业空间，主要用于露天货场。

插腿式叉车

此类型叉车的驾驶室可以提升，操作者可与装卸装置一起上下运动，在高处进行拣选作业。适用于多品种、少量出入库的特选式高层货架仓库。此类型的叉车要求通道宽度为 1.5 ~ 2.0m，提升高度可达 14m。

侧面式叉车

稳定性良好，尺寸与转弯半径小，适用于工厂车间、仓库内效率要求不高，但需要有一定的堆垛、装卸高度的场合。

高位拣选式
叉车

门架、起升机构和货叉位于叉车的中部，可以沿着横向导轨移动。货叉位于叉车的侧面，侧面还有一个货物平台。主要用于长条状货物的搬运。

引导问题5：分组讨论堆高车的基本概念和用途。

_____

_____

_____

_____

_____

_____

 小提示

　　堆高车是指对成件托盘货物进行装卸、堆垛和短距离运输的各种轮式搬运车辆。其结构简单、操控灵活、微动性好、防爆安全性能高。适用于狭窄通道和有限空间内的作业，是高架仓库、车间装卸成件托盘货物的理想设备。可广泛应用于石油、制药、轻纺、军工、煤炭等工业仓库，以及港口、铁路、仓库等含有爆炸性混合物的场所，并可进入船舱、车厢和集装箱内进行托盘货物的装卸、堆码和搬运作业。

引导问题6：查阅资料，浏览相关网页，了解堆高车的分类并完成表2-1-5。

表2-1-5　　　　　　　　　　　　常见的堆高车类型

种类	图片	结构及适用场合
全电动堆高车		
半电动堆高车		

（续表）

种类	图片	结构及适用场合
手动液压堆高车		

🔍 **引导问题7：起重设备有哪些？请分组讨论并完成表2–1–6。**

表2–1–6　　　　　　　　　　常见的起重设备类型

种类	图片	特点

引导问题8：认识连续输送设备（见图2-1-2~图2-1-4）。

图2-1-2　滚柱输送机　　　图2-1-3　带式输送机　　　图2-1-4　埋刮板输送机

（1）连续输送设备是指以连续、均匀、稳定或间歇的输送方式，沿着一定的路线来装卸和搬运____或____的一种生产率较高的装卸搬运机械。

（2）连续输送设备按其所运货物的种类分为输送件货的和输送散货的两种类型。常见的连续输送设备有_____、_____、_____、_____、_____等。

小提示

连续输送设备是指沿给定线路连续输送散粒物料或成件物品的机械。连续输送设备大多用于物料的水平和倾斜输送。垂直输送一般采用斗式提升机、摇架输送机、具有压带的带式输送机及流体输送机等。

评价反馈

各组代表展示作品，介绍任务的完成过程。作品展示前应准备阐述材料，并完成表2-1-7、表2-1-8、表2-1-9。

表2-1-7　　　　　　　　　　　　　学生自评表

序号	评价项目	学生自评
1	任务是否按时完成	
2	相关理论学习情况	
3	技能训练情况	
4	任务完成情况	
5	任务创新情况	
6	材料上交情况	
7	收获	

表2-1-8　　　　　　　　　　　　　学生互评表

序号	评价项目	小组互评
1	任务是否按时完成	
2	材料上交情况	
3	作品质量	
4	语言表达能力	
5	小组成员合作情况	
6	是否有创新点	

表2-1-9　　　　　　　　　　　　　教师评价表

序号	评价项目	教师评价
1	学习准备情况	
2	引导问题填写情况	
3	是否规范操作	
4	完成质量	
5	关键操作要领掌握情况	
6	完成速度	
7	是否进行5S管理	
8	参与讨论的主动性	
9	沟通协作情况	
10	展示汇报情况	

学习情境相关知识点

知识点1：装卸搬运设备概述

装卸搬运是指在同一区域范围内，以改变货物的存放状态和空间位置为主要内容和目的的活动。装卸搬运活动已经渗透到物流的各个领域，是衔接运输、储存、包装、配送等物流活动的重要环节。装卸搬运活动离不开各类装卸搬运设备。

装卸搬运设备是指在场所内部用来搬移、升降、装卸和短距离输送货物的设备，是实现装卸搬运作业省力化、机械化、自动化的重要手段。我们常见的装卸搬运设备包括起重机、带式输送机、叉车等。

装卸搬运设备种类繁多且功能各异，其工作特点如下。第一，装卸搬运设备起重能力大，起重量范围大，生产作业效率高。第二，大部分装卸搬运设备都是在设施内完成装卸搬运任务，只有个别设备可在设施外作业。第三，装卸搬运设备带来高效、快捷、方便的同时也带来不安全因素，如起重机可能会发生断绳、脱钩、失落等安全事故。第四，装卸搬运作业的不均衡性导致了不同装卸搬运设备不同时段忙闲不均。

☼ 知识点2：叉车的概念、特点及分类

叉车是指对成件托盘货物进行装卸、堆垛和短距离运输的各种轮式搬运车辆，属于物料搬运机械，广泛应用于车站、港口、机场、工厂、仓库等场所，是机械化装卸、堆垛和短距离运输的高效设备。

叉车主要是为仓库内的货物搬运而设计的。除了少数叉车（如手动液压搬运车）是采用人力驱动的，其他都是以电动机驱动的。叉车因其车体紧凑、移动灵活、自重轻和环保性能好而在仓储业得到普遍应用。

1.叉车的特点

叉车具备以下四个特点。

（1）叉车将装卸和搬运两种作业合而为一，加快了作业效率。

（2）叉车广泛应用于车站、港口、机场、工厂、仓库等场所，具有很强的通用性。

（3）与大型起重机械相比，它成本低、投资少、见效快，经济效益好。

（4）与汽车相比，它轮距小、外形尺寸小、重量轻，能在作业区域内任意调动，可适应货物数量及货流方向的改变，可机动地与其他起重机配合作业。

2.叉车的分类

1）根据叉车所用的动力分类

根据叉车所用的动力，叉车可以分为内燃机式叉车和蓄电池式叉车。内燃机式叉车又可分为汽油内燃叉车和柴油内燃叉车，前者多用于 1~3t 的起重量，后者多用于 3t 以上的起重量。蓄电池式叉车一般用于 2t 以下的起重量。

2）根据叉车的结构特点分类

根据叉车的结构特点，叉车可以分为平衡重式叉车、前移式叉车、插腿式叉车、回转叉式叉车、侧面式叉车和高位拣选式叉车等。

（1）平衡重式叉车。

平衡重式叉车是使用最为广泛的叉车。为了克服货物产生的倾覆力矩，平衡重式叉车的尾部装有平衡重。这种叉车适用于在露天货场作业，一般采用充气轮胎，运行速度比较快，而且有较好的爬坡能力。取货或卸货时，门架可以前移，便于货叉叉入，取货后门架后倾以便在运行中保持货物的稳定。平衡重式叉车如图2-1-5所示。

图2-1-5　平衡重式叉车

　　平衡重式叉车主要由发动机、底盘、门架、货叉、液压系统、电气系统及平衡重等部分组成。门架一般为两级门架，起升高度为2～4m。当堆垛很高而叉车总高受到限制时，可采用三级或多级门架。货叉的升降及门架的倾斜均采用液压系统驱动。一般油缸的活塞杆顶起内门架1m，货叉可起升2m，即货叉起升速度为内门架速度的两倍。

　　（2）前移式叉车。

　　前移式叉车是门架或货叉可以前后移动的叉车，如图2-1-6所示。运行时门架后移，使货物重心位于前、后轮之间。前移式叉车运行稳定，具有自重轻且不需要平衡重的特点，适用于车间、仓库内的作业。

图2-1-6　前移式叉车

前移式叉车按操作姿势可分为站驾前移式叉车、座驾前移式叉车，按作业场所可分为普通型前移式叉车、防爆型前移式叉车、冷藏型前移式叉车。

前移式叉车是在车间或仓库内作业时使用较广泛的一种叉车。这种叉车采用蓄电池提供动力，不会污染周围的空气。由于一般是在库内作业，地面条件好，故通常采用实心轮胎，车轮直径也比较小。在取货或卸货时，货可随着门架前移到前轮以外。但运行时，门架缩回到车体内，使叉车整体保持平衡。这种叉车的蓄电池起一定的平衡作用，无须配备专门的平衡重。车体尺寸较小，转弯半径也小。在巷道内作业时，要求的巷道宽度比平衡重式叉车小得多，从而可提高仓库面积利用率。

（3）插腿式叉车。

插腿式叉车的结构非常紧凑，有两个插腿，货叉位于两个插腿之间，如图2-1-7所示，因此无论在取货、卸货时，还是在运行过程中，叉车都不会失去稳定性。插腿式叉车尺寸小，转弯半径小，在库内作业比较方便，但是货架或货箱的底部必须留有一定高度的空间，便于叉车的两个插腿叉入。其起升机构包括手摇机械式、手动液压式和电动液压式三种。插腿式叉车适用于工厂车间、仓库内效率要求不高，但需要有一定堆垛、装卸高度的场合。

图2-1-7　插腿式叉车

（4）回转叉式叉车。

回转叉式叉车又称无轨巷道式堆垛机，是一种专用于货架仓库的叉车，如图2-1-8所示。其货叉部分比较复杂，设有一个回转机构和一个侧移机构，依靠这两个机构的协调动作，货叉可以面向巷道两侧的任意一侧货架，并伸到货格中完成存取作业，而不需要叉车本身做任何移动，因此所需的巷道宽度最窄。这种叉车在巷道内行驶时需要有导轨进行导向，或者用感应线自动导向，以避免叉车碰撞货架。另外，由于货架比较高，回转叉式叉车需要有自动选层装置在高度方向上辅助定位。

图2-1-8　回转叉式叉车

（5）侧面式叉车。

侧面式叉车（见图2-1-9）主要用于长料货物的搬运。这种叉车有一个放置货物的平台，门架与货叉在车体的中央，可以横向伸出取货，然后缩回车体内将货物放在平台上即可行走。这种叉车所需通道宽度也较小，操作者的视野好。

图2-1-9　侧面式叉车

（6）高位拣选式叉车。

高位拣选式叉车是仓库叉车的一种，其操作台上的操作者可与装卸装置一起上下运动。高位拣选式叉车是先进的拣选式电动叉车，对提高工作效率有显著效果，轴距的加长确保了操作的安全性。小转弯半径，适合狭小通道，可用于高空平台理货。高位拣选式叉车适用于高层货架库房。其起升高度最大可达14m，因而能够大大提高其空间活动范围。

由于叉车的类型很多，结构特点和功能又不一样，因此在选择时，应根据物料的重量、状态、外形尺寸和使用场地等条件进行合理选择，同时应考虑选用适当的托盘配合使用。

☀ **知识点3：起重设备的类型**

起重设备是指搬运或移动重物的机电设备，如图2-1-10所示为一种常见的起重设备。起重设备按结构不同可分为轻小型起重设备、升降机、起重机和架空单轨系统等。

图2-1-10　起重设备

轻小型起重设备主要包括吊钩式起重滑车（见图2-1-11）、千斤顶（见图2-1-12）、电动葫芦（见图2-1-13）、手动葫芦和普通绞车等，大多体积小、重量轻、使用方便。

  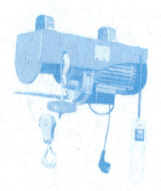

图2-1-11　吊钩式起重滑车　　　图2-1-12　千斤顶　　　图2-1-13　电动葫芦

升降机主要做垂直或近于垂直的升降运动，具有固定的升降路线，包括电梯、升降台、矿井提升机和料斗升降机等。

起重机是在一定范围内垂直提升并水平搬运重物的多动作起重设备，包括轨道式集装箱龙门起重机（见图2-1-14）、轮胎式集装箱龙门起重机（见图2-1-15）等。

图2-1-14　轨道式集装箱龙门起重机

图2-1-15　轮胎式集装箱龙门起重机

架空单轨系统具有刚性吊挂轨道所形成的线路，能把物料运输到厂房各部分，也可扩展到厂房的外部，如图2-1-16所示。

图2-1-16　架空单轨系统

☼ 知识点4：连续输送设备

仓储企业的输送设备主要指连续输送设备，是一类可以将物资在一定的输送线路上，从装载起点到卸载终点以恒定的或变化的速度进行输送，形成连续或脉动物流的设备。物流企业中常见的连续输送设备如表2-1-10所示。

表2-1-10　　　　　　　　物流企业中常见的连续输送设备

设备名称	图片	特性及用途
带式输送机		这是一种既把输送带作为牵引构件，又把输送带作为承载构件的连续输送设备。一般进行水平或较小倾角的物资输送。整个输送带都支撑在托辊上，并且绕过驱动滚筒和张紧滚筒。在连续装载条件下可以连续装载散装物资或包装好的成件物资
悬挂式输送机		将装载物资的吊具通过滑架，悬挂在架空轨道上，滑架受牵引构件（链条等）牵引，沿着架空轨道悬空输送。可以输送装入容器的成件物资，也可以输送单件的成品和半成品
埋刮板输送机		在牵引构件（链条或者钢丝绳等）上固定刮板，刮板受驱动构件的牵引沿着封闭的料槽运动而输送散装物资。一般在水平方向或小于30°倾角的方向进行物资输送
螺旋输送机		这是将带有螺旋叶片的转轴装在封闭的料槽内旋转，利用螺旋面的推力使散料物资沿着轴向输送的连续输送设备
滚柱输送机		一种由一系列相隔很近、顺序排列的滚柱和支架组成的连续输送设备。主要运送成件的物资。滚柱可以在直线上，也可以在弯曲线路上布置。滚柱有动力驱动和人力驱动两种

任务二　认识智能装卸搬运设备

学习情境

极速物流有限公司将与某汽车公司在A市共同建设主机厂的智能装配车间。该主机厂的装配车间设计面积非常大，需要进行大量的远距离物料搬运作业，智能装卸搬运设备可以代替叉车和拖车搬运物料，具有明显的优势效应。小威也参与了该项目，将协助仓库经理陆超为主机厂的装配车间选择智能装卸搬运设备，他该怎么做呢？

学习目标

知识目标	了解自动导引车的发展历程
	掌握自动导引车的应用场景
技能目标	能够辨别自动导引车的种类及各种类的特点
	能够列举自动导引车的主要参数
	能够阐述自动导引车的用途
素养目标	培养科技创新意识和民族自豪感

任务书

完成任务单（见表2-2-1）中的任务。

表2-2-1　　　　　　　　　　　　　　任务单

专业班组		班长		日期	

任务：认识智能装卸搬运设备

检查意见：

签章：

👥 任务分组

学生按要求自行分组并填写任务分配表（见表2-2-2）。

表2-2-2　　　　　　　　　　　　　　　任务分配表

班级		组号		指导教师	
组长		学号			
组员	姓名			学号	
任务分工					

📄 任务实施

🔍 引导问题1：我国国家标准《物流术语》中，对自动导引车是如何定义的？

_____

_____

_____

_____

_____

✏️ 小提示

自动导引车（Automatic Guided Vehicle，AGV）是指在车体上装备有电磁学或光学等导引装置、计算机装置、安全保护装置，能够沿设定的路径自动行驶，具有物品移载功能的搬运车辆。

🔍 引导问题2：查阅资料，浏览相关网页，了解AGV的类型及特点并完成表2-2-3。

表2-2-3　　　　　　　　　　　　　AGV的类型及特点

分类标准	类型及特点
按导引方式分类	
按驱动方式分类	
按移载方式分类	

🔍 引导问题3：了解AGV的主要参数。

（1）额定载重量指_____。

（2）自重指_____。

（3）车体尺寸指_____。

（4）停位精度指_____。这一参数很重要，是确定移载方式的主要依据，不同的移载方式要求不同的停位精度。

（5）最小转弯半径指_____。

（6）运行速度指_____。它是确定车辆作业周期和搬运效率的重要参数。

✂️ 小提示

（1）AGV的额定载重量指AGV所能承载货物的最大重量。AGV的载重量范围在50~20000 kg，其中以中小型吨位居多，目前使用的AGV的载重量在100 kg以下的占19%，载重量在100~300kg的占22%，300~500kg的占9%，500~1000kg的占18%，1000~2000kg的占21%，2000~5000kg的占8%，而5000kg以上的数量极少。

（2）AGV自重指AGV车体与电池加起来的总重量。

（3）AGV车体尺寸指车体的长、宽、高外形尺寸，该尺寸应该与所承载货物的尺寸和通道宽度相适应。

（4）AGV停位精度指AGV到达目的地并准备自动移载时所处的实际位置与程序设定的位置之间的偏差值。这一参数很重要，是确定移载方式的主要依据，不同的移载方式要求不同的停位精度。

（5）AGV最小转弯半径指AGV在空载低速行驶、偏转程度最大时，瞬时转向中心到AGV纵向中心线的距离。它是确定车辆弯道运行所需空间的重要参数。

（6）AGV运行速度指自动导引车在额定载重量下行驶时所能达到的速度。它是确定车辆作业周期和搬运效率的重要参数。

🔍 引导问题4：查阅资料，浏览相关网页，了解AGV的基本用途。

_____

_____

_____

_____

_____

_____

_____

🔧 扫一扫

扫一扫右侧二维码，查看AGV常见的应用场景。

AGV常见的
应用场景

🖥 评价反馈

各组代表展示作品，介绍任务的完成过程。作品展示前准备阐
述材料，并完成表2-2-4、表2-2-5、表2-2-6。

表2-2-4　　　　　　　　　　　学生自评表

序号	评价项目	学生自评
1	任务是否按时完成	
2	相关理论学习情况	
3	技能训练情况	
4	任务完成情况	
5	任务创新情况	
6	材料上交情况	
7	收获	

表2-2-5　　　　　　　　　　　　　学生互评表

序号	评价项目	小组互评
1	任务是否按时完成	
2	材料上交情况	
3	作品质量	
4	语言表达能力	
5	小组成员合作情况	
6	是否有创新点	

表2-2-6　　　　　　　　　　　　　教师评价表

序号	评价项目	教师评价
1	学习准备情况	
2	引导问题填写情况	
3	是否规范操作	
4	完成质量	
5	关键操作要领掌握情况	
6	完成速度	
7	是否进行5S管理	
8	参与讨论的主动性	
9	沟通协作情况	
10	展示汇报情况	

学习情境相关知识点

知识点1：AGV的发展历程

20世纪50年代初，美国发明制造出世界上第一台自动导引车。20世纪60年代至70年代，AGV的发展在美国遭遇阻碍，与此相反，AGV在欧洲得到了飞速发展。1973年，AGV在瑞典沃尔沃汽车生产线上得到使用，并与计算机连接，进行智能化控制装备作业，进一步加快了AGV的发展。1965年，日本推出了自己的第一款AGV，之后，日本大力发展AGV，为AGV的发展做出非常大的贡献。

我国的AGV发展时间短，随着经济的飞速发展，AGV也迎来了春天，清华大学、华中科技大学、上海交通大学、国防科技大学、中国科学院沈阳自动化研究所都进行了AGV

的研究。1976年，北京起重运输机械设计研究院制造出了我国第一台电磁导引AGV。1989年，邮政科学研究规划院制造了我国第一台双向无线电通信的AGV。

1991年起，中国科学院沈阳自动化研究所/新松机器人自动化股份有限公司为沈阳金杯车辆制造有限公司研制生产了6台AGV用于汽车装配，这可以说是汽车工业中用得比较成功的例子，该AGV于1996年获国家科学技术进步三等奖。1992年，天津理工学院（现已更名为天津理工大学）研制了核电站用光学导引AGV。1995年，我国的AGV技术出口韩国，标志着我国自主研发的机器人技术第一次走向了国际市场。

随着电商的兴起、物流业的发展，我国AGV的研发与制造取得了长足发展，海柔创新、新松、快仓、极智嘉等"新兵老将"争相入局。2015年，《中国制造2025》正式印发。这是我国政府立足于国际产业变革大势，作出的全面提升中国制造业发展质量和发展水平的重大战略部署。由此，我国制造业整体自动化升级风潮开始兴起。

2010年至2022年，中国电商行业的快速发展带动了快递行业业务量的迅猛上升，对电商物流的效率也提出了新的要求。而仓储机器人的出现，不仅缓解了电商物流的提效难问题，更进一步带动了整个中国AGV产业的发展。

2015年起，类Kiva式的仓储机器人开始在国内正式落地应用。

2018年，中国AGV销量已达到2.96万台，与2017年相比，增长了约119%，2018年，中国AGV市场规模达到42.5亿元，AGV相关产品市场新增量较2017年实现了约42.5%的增长。2021年，中国AGV市场呈现超预期的高速增长，中国市场AGV销量为7.2万台，较2022年增长了75.61%，市场销售额达到126亿元，同比增长了64%。AGV的高速发展，是适龄劳动力供给趋减的社会因素驱动的，也是产业转型升级、智能制造的必然要求。

近5年来，中国AGV市场规模也从十多亿元攀升到七十多亿元，年产值增幅连续5年超过20%，随着现代化工业的快速发展，未来AGV仍将以高速增长模式发展。

☼ 知识点2：AGV的分类

AGV一般可按三种方式来分类，即导引方式、驱动方式和移载方式。

1.按导引方式分类

按导引方式的不同，AGV主要分为电磁导引AGV、磁带导引AGV、激光导引AGV、二维码导引AGV、视觉导引AGV、光学导引AGV、惯性导引AGV等。

🔧 **扫一扫**

扫一扫右侧二维码，查看AGV历经三代的导航原理。

AGV历经三代的导航原理

2.按驱动方式分类

（1）单驱动AGV。

常见的单驱动AGV是三轮车型：一个驱动兼转向轮，两个固定从动轮（分布在车体轴线的两边）。单驱动AGV主要是依靠前部的一个铰轴转向车轮驱动，搭配后两个从动轮，由前轮控制转向。其优点是结构简单、成本低、无须考虑电机配合问题，抓地性好，对地表面要求一般，适用于多种环境和场合。其缺点是灵活性较差，转向存在转弯半径，能实现的动作相对简单。

（2）差速驱动AGV。

常见的差速驱动AGV有三轮车型和四轮车型两种：两个固定驱动轮（分布在车体轴线的两边），一个（三轮车型）或两个（四轮车型）从动自由轮，转弯靠两个驱动轮之间的速度差实现。这种车型可以前进、后退、左右转弯（转角大于90°）、原地自旋，转弯的适应性比单驱动AGV强。若是三轮车型，对地表面的适应性和单驱动AGV类似。若是四轮车型，因容易出现其中某一个轮悬空而影响导航的情况，故对地表面平整度要求苛刻，适用范围受到一定限制。

（3）双驱动AGV。

常见的双驱动AGV是四轮车型：两个驱动兼转向轮，两个从动自由轮。这种车型可以全方位（万向）行驶。其突出特点是可以在行驶过程中控制车身姿态的任意变化，适用于狭窄通道或对作业方向有特别要求的环境和场合。其缺点和差速驱动AGV四轮车型类似，对地表面平整度要求苛刻，适用范围受到一定限制；此外，结构复杂，成本较高。

（4）多轮驱动AGV。

常见的多轮驱动AGV是八轮车型：四个驱动兼转向轮，四个从动自由轮。这种车型可以全方位行驶，可应用于重载行业，其结构复杂，成本较高。

不同的驱动方式对应不同场景下的应用需求，选择时需要根据环境、负载等因素进行综合评估。应根据应用场景选用合适的驱动方式，只有这样才能保证不同作业场景下AGV运行的可靠性、稳定性和精确性。

3.按移载方式分类

按移载方式的不同，AGV主要分为叉车式AGV、潜伏顶升式AGV、翻盘式AGV、牵引式AGV、料箱式AGV、背负式AGV、龙门式AGV等。

（1）叉车式AGV。

叉车式AGV包括落地叉车式AGV、平衡叉车式AGV等，可以完成托盘及类似物料的平面搬运和堆垛，适用于仓储和生产线上物料的自动搬运和堆垛。

（2）潜伏顶升式AGV。

潜伏顶升式AGV通过潜入分拣设备或者输送设备进行顶升取货，其特点是车身薄，

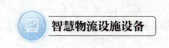

可以双向行驶，适用于托盘或货架货物的搬运。

（3）翻盘式AGV。

翻盘式AGV上装有可以翻转的货盘，物料放置在托盘上搬运至指定位置，通过翻盘作业投放到指定地点。京东"小黄人"系统搬运机器人就属于这种类型。翻盘式AGV可广泛应用于大型配送中心。

（4）牵引式AGV。

牵引式AGV是指不承载或不完全承载搬运对象重量的AGV，其尾部安装自动或手动脱钩机构，可在尾部拖挂物料车进行物料配送，比较灵活，适用于较大批量的货物搬运。

（5）料箱式AGV。

料箱式AGV可以实现"料箱到人"的货物搬运，其搬运主体是料箱，AGV可以直接从货架中取出料箱并搬运至指定位置。这种类型的AGV适用于拆零拣选与整箱拣选等多种业务场景，满足各式仓储需求。

（6）背负式AGV。

背负式AGV背负一个或多个辊筒或链条输送设备，可实现货物在输送线上的衔接，可在无人工干预的情况下实现全自动上下物料及托盘货物等。

（7）龙门式AGV。

龙门式AGV可在高低站台进行货物装卸，转向灵活，适合用于有不同高度要求的货位之间的货物装卸。

☼ **知识点3：AGV的组成**

AGV由以下各部分组成：车体、蓄电池与充电装置、驱动装置、转向装置、控制系统、移载装置、安全装置。

1.车体

车体由车架和相应的机械电气结构（减速箱、电机、车轮等）组成。车架常采用焊接钢结构，要求有足够的刚性。

2.蓄电池与充电装置

AGV常采用24V或48V直流工业蓄电池提供动力，并配备相应的充电装置。

3.驱动装置

驱动装置是一个伺服驱动的变速控制系统，可驱动AGV运行并具有控制速度和制动的能力。它由车轮、减速器、制动器、电机及速度控制器等组成，并由计算机或人工进行控制。驱动装置可采用脉宽调速或变频调速等方法进行速度调节，直线行走速度可达1m/s，转弯时速度为0.2～0.5m/s，接近停位点时速度为0.1m/s。

4.转向装置

AGV常设计成三种运动方式：只能向前；能向前与向后；能全方位运动。转向装置的结构也有以下三种。

（1）铰轴转向式三轮车型。车体的前部为一个铰轴转向车轮，同时也是驱动轮。转向和驱动分别由两个不同的电机带动，车体后部为两个自由轮，由前轮控制转向实现单方向向前行驶。这种方式结构简单、成本低，但定位精度较低，具体如图2-2-1所示。

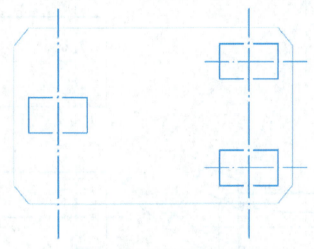

图2-2-1 铰轴转向式三轮车型

（2）差速转向式四轮车型。车体的中部有两个驱动轮，由两个电机分别驱动。前后部各有一个转向轮（自由轮）。通过控制中部两个驱动轮的速度比可实现车体的转向，并实现前后双向行驶和转向。这种方式结构简单，定位精度较高，具体如图2-2-2所示。

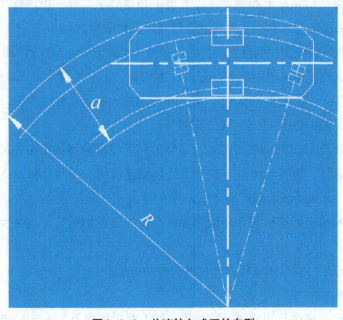

图2-2-2 差速转向式四轮车型

（3）全轮转向式四轮车型。车体的前后部各有两个驱动和转向一体化的车轮，每个车轮分别由各自的电机驱动，可实现沿纵向、横向、斜向和回转方向行走，控制较复杂，具体如图2-2-3所示。

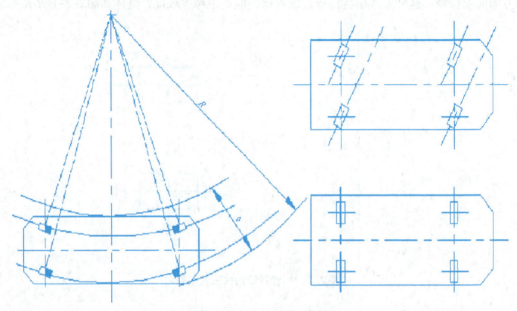

图2-2-3　全轮转向式四轮车型

5.控制系统

AGV控制系统包括车上控制器（计算机）和地面（车外）控制器，车上控制器和地面控制器均采用微型计算机，并通过通信系统进行联系。

（1）控制指令由地面控制器发出，然后存入车上控制器。AGV运行时，车上控制器通过通信系统从地面站接收指令并报告自己的状态。车上控制器可完成手动控制监控、安全装置启动监控、蓄电池状态监控、转向极限监控、制动器解脱监控、行走灯光监控、驱动监控和专项电机控制与充电接触器监控等。

（2）控制台与AGV间可采用定点光导通信和无线局域网通信两种通信方式。采用无线局域网通信时，控制台和AGV构成无线局域通信网，控制台和AGV在网络协议支持下交换信息。无线局域通信网要完成AGV的调度和交通管理。

（3）在出库站和拆箱机器人移载站都设有红外光通信系统，其主要功能是完成移载任务的通信。

（4）AGV充电可以采用在线自动快速充电的方式。

6.移载装置

AGV用移载装置来装卸货物，即接受和卸下载荷。常见的AGV装卸方式可分为被动装卸和主动装卸两种。

被动装卸的AGV不具有完整的装卸功能，而是采用助卸方式，即配合装卸站或接收物料方的装卸装置装卸。常见的助卸装置有滚柱式台面（见图2-2-4）和升降式台面（见图2-2-5）两种。采用滚柱式台面的环境要求是站台必须带有动力传动辊道，AGV停靠在站台边，AGV上的辊道和站台上的辊道对接之后同步动作，实现货物移送。升降式台面的升降台下设有液压升降机构，高度可以自由调节。为了顺利移载，AGV必须精确停车才能与站台自动交换。

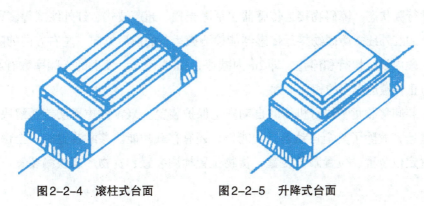

图2-2-4　滚柱式台面　　　　图2-2-5　升降式台面

主动装卸的AGV具有装卸功能。常见的主动装卸装置的类型有单面推拉式、双面推拉式、叉车式（见图2-2-6）和机器人式（见图2-2-7）四种。

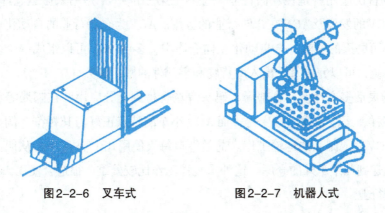

图2-2-6　叉车式　　　　　　图2-2-7　机器人式

7.安全装置

为确保AGV在运行过程中现场人员及各类设备的安全，AGV将采取多级硬件、软件的安全措施。在AGV的前面设有红外光非接触式防碰传感器和接触式防碰传感器——保险杠。AGV上安装有醒目的信号灯和声音报警装置，以提醒周围的操作人员。一旦发生故障，AGV自动进行声光报警，同时通过无线局域通信网通知AGV监控系统。

（1）障碍物接触式缓冲器。障碍物接触式缓冲器是一种强制停车安全装置，它产生作用的前提是与其他物体接触，使其发生一定的变形，从而触动有关限位装置，强行使其断电停车。

（2）障碍物接近传感器。障碍物接近传感器是障碍物接触式缓冲器的辅助装置，是先于障碍物接触式缓冲器发生作用的安全装置。为了安全，障碍物接近传感器是一个多级的接近检测装置，在预定距离内检测障碍物。在一定距离范围内，会使AGV降速行驶，在更近的距离范围内，它会使AGV停车，而当移除障碍物后，能使AGV自动恢复正常行驶状态。障碍物接近传感器包括激光式、超声波式、红外线式等多种类型。如日本产的红外线式障碍物接近传感器能检测搬运车的前后方向、左右方向的障碍物，也能在二段内设定慢行和停止，即2m内减速、1m内停车。发射的光频率数有4种或8种，能防止各搬运车间的相互干扰。

（3）装卸移载货物执行机构的自动安全保护装置。AGV的主要功能是解决物料的全自动搬运，故除了其全自动运行功能外，还有移载功能。移载装置的安全保护装置包括位置定位装置、位置限位装置、货物位置检测装置、货物形态检测装置、自锁装置等。

知识点4：AGV的应用

1.仓储行业

AGV的首次应用就是在仓储行业。世界上第一台AGV是用来搬运仓库的货物的，从而推动AGV的发展及AGV在仓储行业的应用。AGV为仓储行业的自动化、集成化发展做出了不可磨灭的贡献。全自动化立体仓库中，多台AGV可以组成一个自动搬运柔性的库内系统，可以完成每天出入库货物和零部件的搬运任务。

AGV的灵活多变性使其在邮局、码头等场合得到充分应用。在邮局等场合运输的物品多种多样，运输路线经常变化，而AGV小车的特点正好与其相符。例如上海邮政枢纽使用AGV完成邮品的运输工作。荷兰港口每天使用几十辆AGV将从船上卸载下来的集装箱运送到几千米外的仓库。这种重复性工作比较繁重，很适合使用AGV。

2.制造行业

AGV的特点及其优越性在制造业生产线或装配线上得到了完美发挥。AGV能够快速、准确、高效、灵活地完成生产物品的搬运移载任务。多台AGV可以联合作业，在一个厂房内运输不同的产品，甚至可以完成几十种产品的运输。AGV大幅度降低了生产成本，并且很大程度上提高了企业的产品竞争力。大众汽车采用AGV作为运输的基本工具，构成了一个柔性的装配车间。该装配线投入使用后，装配所用时间减少了25%，装配时产生的故障减少了40%，投资费用回收时间减少了45%，投入劳动力减少了8%，大大提高了车间的生产效率。目前，AGV在很多汽车厂的制造和装配线上得到了广泛应用。

目前，国内也有多种类型的AGV用于生产领域，如变速箱装配型AGV、柴油机装配型AGV等。

（1）变速箱装配型AGV。

变速箱装配型AGV用于各种类型变速箱装配线，可进行变速箱的输送、装配。这类型的AGV根据系统装配工艺要求又可分为平置式变速箱装配型AGV、纵翻式变速箱装配型AGV和横翻式变速箱装配型AGV。由变速箱装配型AGV及周边设备构成的AGV系统分别进行变速箱的装配、输送，具有分段停止、放行功能的AGV可实现在任何装配工位对变速箱进行静态装配。导航方式采用磁导航，改变导航磁条可以适应生产工艺变更的要求。

（2）柴油机装配型AGV。

柴油机装配型AGV是根据柴油机装配的工艺要求而研发制造的。柴油机装配型AGV集升降、翻转、盘车功能于一体，能够在设计好的环形路线中依次经过各个工艺停车点（工位），操作工人按其工艺显示终端进行相应工艺内容的装配工作，完成全部预定的工作内容后，再停靠到指定的站点由工人将柴油机吊放到测试输送线上。

3.烟草、食品、医药等行业

对于对生产环境要求较高的烟草、食品、医药等行业，AGV自动化转运系统就为其提供了一个完美的解决方案。许多国内的卷烟厂都将AGV作为搬运载具。

4.危险场所和特种行业

在核电厂、军工企业中，在许多危险场合，AGV的稳定安全搬运让生产与试验能安全进行。在一些有危险性的试验中，AGV能完成远程遥控，极大保护了人员的安全。特别是对一些需要在黑暗环境中作业的行业，AGV的优势就很明显，黑暗对其没有影响，只要控制系统的程序编写准确，AGV就可以按照路线完成任务。

☆ 知识点5：AGV的发展趋势

未来AGV将朝着以下趋势发展。

1."自然导航+自主路径规划"成为主流

AGV的发展经历了三个不同阶段：有轨方式、信标方式、无信标方式。无信标方式应用即时定位与地图构建（Simultaneous Localization and Mapping，SLAM）技术，可以实现AGV定位导航，而且具有易部署、柔性等特点，更加适合在运行环境复杂、业务经常变动的场景下应用，因此受到越来越多客户青睐，正在成为业界主流趋势。在各种导航方式中，目前最受欢迎的是激光导航、视觉导航等不依赖人工环境的自然导航方式。

2.深度学习将广泛应用

人工智能中的深度学习技术在计算机视觉中的应用主要有物体识别、目标检测与跟踪、语义分割、实例分割等，语义SLAM能把物体识别与视觉SLAM结合起来，将标签信息引入优化过程中，构建带物体标签的地图，实现AGV对周围环境内容的理解。

新技术与人工智能技术的加速融合将进一步推动产品的更新换代。AGV的自主性主要体现在"状态感知""实时决策""准确执行"这三个方面。物联网技术、人工智能技术、第五代移动通信技术等新一代信息技术与AGV技术的结合，能够让设备高效交互，数据流动更加自由，并通过算法指挥硬件发挥最大效能。

3.规模化集群作业成必然，更高效的多机协作方式成趋势

AGV在实际应用中，通常是以集群的方式协同完成特定的任务，如月台的托盘搬运集货、原材料的料箱储存和拣选、产线之间的物料搬运。托盘可以使用无人叉车搬运，原材料的储存和拣选可以使用二维码类Kiva机器人，产线之间的物料搬运可以使用SLAM机器人。

一旦达到几百台甚至上千台机器人时，简单的逻辑思考已经不能解决问题，整个群体协作的效率无法得到有效保证。这时候就需要机器人能够不断学习、不断修正自身策略，人工智能将在其中扮演重要角色，让整个系统不断优化，群体智能化程度越来越高。

一部分新型的移动机器人管理系统将走向分布式和云端部署，并具有可靠冗余能力；可以支持在线的地图和策略更新，以适应变化的运行路线和调度策略；能够对具有SLAM绕行能力的移动机器人进行优化调度，高效、灵活地对管理系统中的机器人进行任务分配和交通管控；能通过一定的标准化手段，管控好同一现场异构机器人系统之间的协调运行。

4.应用场景将进一步扩大

在技术进一步发展的基础上，未来AGV的应用场景将进一步扩大，将逐渐深入到各个领域的各个环节。而伴随着终端客户对智能化需求的进一步提高，未来以单个AGV为主的项目将会越来越少，因此，不同类型的移动机器人以及移动机器人与其他自动化设备如何实现协调运作将成为考验企业方案实施能力的关键。此外，园区物流等半封闭场景的户外应用也将是AGV发展的方向之一。

5.同构仿真、数字孪生，为客户提供一站式服务

未来AGV能够通过功能完备的同构仿真系统，避免设计过程中的人为偏差，并且能够极大提高评估效率；可以提供规划、仿真、实施、运营等一站式解决方案，实现同构仿真和数字孪生，极大减少机器人项目规划风险，提高运维效率。

任务三 认识装卸搬运辅助设备

🏠 学习情境

极速物流有限公司的仓储中心是一个大型仓配一体中心，主要为客户提供货物配备（集货、加工、分货、拣选、配货、包装）服务和送货服务。2022年5月2日，小威在仓储中心收到客户美的集团成都分公司发来的传真，称当天下午将有一批货物由送货员李宁送到极速2号库房。小威需要完成这一批货物的入库作业，小威该怎么选择装卸搬运辅助设备呢？

⏀ 学习目标

知识目标	掌握千斤顶、起重滑车及手动葫芦3种装卸搬运辅助设备的含义及特点
技能目标	能够列举3种常见的装卸搬运辅助设备
	能够根据订单需求正确选择装卸搬运辅助设备
素养目标	具备规范操作意识和安全意识

📄 任务书

完成任务单（见表2-3-1）中的任务。

表2-3-1　　　　　　　　　　　　任务单

专业班组		班长		日期	

任务：认识装卸搬运辅助设备

检查意见：

签章：

任务分组

学生按要求自行分组并填写任务分配表（见表2-3-2）。

表2-3-2 任务分配表

班级		组号		指导教师	
组长		学号			
	姓名			学号	
组员					
任务分工					

任务实施

🔍 引导问题1：分组讨论吊具的概念和类型。

_____

_____

_____

_____

_____

小提示

起重设备在工作状态下需要吊钩、抓斗等吊具辅助，完成起重作业。按起重机取物装置的类型，起重机主要可以分为吊钩起重机、抓斗起重机、电磁起重机和集装箱起重机四种类型。此外还有防爆起重机、绝缘起重机、抓斗吊钩起重机、电磁吊钩起重机、三用起重机等类型。

🔍 引导问题2：图2-3-1所示是什么吊具？其适用范围和特点是什么？

_____

_____

_____

_____

_____

_____

图2-3-1 常用吊具 _____

🔍 引导问题3：查阅资料，浏览网页，了解抓斗（见图2-3-2）相关内容。

图2-3-2 抓斗

抓斗是靠颚板开闭抓取和卸出____物料的吊具。抓斗根据操作特点一般可分为____抓斗、____抓斗和____抓斗，最常用的是双绳抓斗。

🔍 引导问题4：除了以上设备，你还认识哪些装卸搬运辅助设备？查阅资料，浏览相关网页，了解装卸搬运辅助设备的名称、主要特点及适用范围，在表2-3-3中列举其中4种。

表2-3-3　　　　　　　装卸搬运辅助设备的名称、主要特点及适用范围

名称	主要特点及适用范围

🖳 评价反馈

各组代表展示作品，介绍任务的完成过程。作品展示前应准备阐述材料，并完成表2-3-4、表2-3-5、表2-3-6。

表2-3-4　　　　　　　　　　学生自评表

序号	评价项目	学生自评
1	任务是否按时完成	
2	相关理论学习情况	
3	技能训练情况	
4	任务完成情况	
5	任务创新情况	
6	材料上交情况	
7	收获	

表2-3-5　　　　　　　　　　　　　　学生互评表

序号	评价项目	小组互评
1	任务是否按时完成	
2	材料上交情况	
3	作品质量	
4	语言表达能力	
5	小组成员合作情况	
6	是否有创新点	

表2-3-6　　　　　　　　　　　　　　教师评价表

序号	评价项目	教师评价
1	学习准备情况	
2	引导问题填写情况	
3	是否规范操作	
4	完成质量	
5	关键操作要领掌握情况	
6	完成速度	
7	是否进行5S管理	
8	参与讨论的主动性	
9	沟通协作情况	
10	展示汇报情况	

☁ 学习情境相关知识点

☼ 知识点1：千斤顶

千斤顶是一种起重高度小（小于1m）、最简单的起重设备，分为机械式千斤顶和液压式千斤顶两种。机械式千斤顶又分为齿条式千斤顶与螺旋式千斤顶两种，由于起重量小，操作费力，一般只用于机械维修工作，在修桥过程中不适用。液压式千斤顶结构紧凑，工作平稳，有自锁作用，故使用广泛，但其起重高度有限，起升速度慢。液压式千斤顶分为通用液压千斤顶和专用液压千斤顶两种。

知识点2：起重滑车

起重滑车是一种重要的吊装工具，它结构简单，使用方便，能够多次改变滑车与滑车组牵引钢索的方向，能起吊或移动运转大重量的物体，特别是由滑车联合组成的滑车组，配合卷扬机、桅杆或其他起重机械，广泛应用在建筑安装作业中。

知识点3：手动葫芦

手动葫芦是指用人力拉动链条或扳动手柄来提升或牵引重物的轻小型起重设备，分为手拉葫芦和手扳葫芦两种。其中，手拉葫芦是由人力拉动手拉链条，通过链轮、齿轮带动起重链条而升、降重物，手拉链条和起重链条多采用圆环链。手扳葫芦分为钢丝绳手扳葫芦和环链手扳葫芦。手动葫芦如图2-3-3所示。

图2-3-3　手动葫芦

知识点4：电动葫芦

电动葫芦属于起重机械的一种，简称电葫芦，是一种轻小型起重设备。电动葫芦的主要结构包括减速器、卷筒、吊钩、联轴器、软缆电流引入器、限位器、电机等。电机采用锥形转子电动机，集动力与制动力于一体。电动葫芦如图2-3-4所示。

知识点5：卷扬机

卷扬机又叫绞车，是由人力或机械动力驱动卷筒、卷绕绳索来完成牵引工作的装置。卷扬机是垂直提升、水平或倾斜曳引重物的简单起重机械，分手动卷扬机和电动卷扬机两种。卷扬机如图2-3-5所示。

图2-3-4 电动葫芦

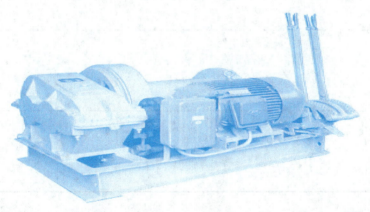

图2-3-5 卷扬机

任务四 安全使用装卸搬运设备

🏪 **学习情境**

为保障装卸搬运设备的安全使用，企业应该制定系统的装卸搬运设备安全操作规程。小威将协助仓库经理陆超为极速物流有限公司的仓储中心制定装卸搬运设备安全操作规程。

学习目标

知识目标	理解装卸搬运工安全操作规程
	掌握装卸搬运设备安全操作注意事项
技能目标	能够安全使用叉车，完成启动、行驶、转弯、交汇、超越等操作
素养目标	具备安全操作意识和规范操作意识

任务书

完成任务单（见表2-4-1）中的任务。

表2-4-1　　　　　　　　　　任务单

专业班组		班长		日期	

任务：安全使用装卸搬运设备

检查意见：

签章：

任务分组

学生按要求自行分组并填写任务分配表（见表2-4-2）。

表2-4-2　　　　　　　　　　任务分配表

班级		组号		指导教师	
组长		学号			
组员		姓名		学号	

（续表）

	姓名	学号
组员		
任务分工		

📑 任务实施

🔍 引导问题1：通过网络收集资料，归纳总结叉车安全操作规范。

_____

_____

_____

_____

_____

🛠 扫一扫

扫描二维码，查看叉车启动、行驶、转弯、交汇、超越等操作。

叉车启动、行驶　叉车转弯、交汇、超越

🔍 引导问题2：装卸搬运设备有哪些安全操作注意事项？请分组讨论。

_____

_____

_____

_____

🔍 引导问题3：装卸搬运设备入库时有哪些注意事项？请分组讨论。

_____

_____

_____

_____

小提示

　　每次装卸搬运设备入库时，仓管员应审核设备名称、型号、规格、数量，检验设备是否完好，并记录设备的名称、型号、规格、数量、入库日期以及需要维修的设备的名称、型号、规格、数量。仓管员应妥善保存设备的出、入库记录以及维修记录，以便日后管理。

🔍 引导问题4：储存装卸搬运设备有哪些注意事项？请分组讨论。

_____

_____

_____

_____

小提示

　　装卸搬运设备的存放场地应保持通风干爽，防止设备受潮损坏。合理有效地利用库房空间，划分区域。设备应分类、分区存放，每批设备在明显的位置做出标识，防止错用、错发。设备标识内容包括设备的名称、型号、规格、数量等。设备存放应做到堆放齐、排列齐，并与屋顶保持一定距离；设备按名称、型号摆放，高度不得超过三层，损坏的设备应合理安排维修时间，以便于下次的正常使用。放置于货架上的设备，要按上轻下重的原则放置，以保持货架稳固。

🇺 评价反馈

各组代表展示作品，介绍任务的完成过程。作品展示前应准备阐述材料，并完成表2-4-3、表2-4-4、表2-4-5。

表2-4-3　　　　　　　　　　　　学生自评表

序号	评价项目	学生自评
1	任务是否按时完成	
2	相关理论学习情况	
3	技能训练情况	
4	任务完成情况	
5	任务创新情况	
6	材料上交情况	
7	收获	

表2-4-4　　　　　　　　　　　　学生互评表

序号	评价项目	小组互评
1	任务是否按时完成	
2	材料上交情况	
3	作品质量	
4	语言表达能力	
5	小组成员合作情况	
6	是否有创新点	

表2-4-5　　　　　　　　　　　　教师评价表

序号	评价项目	教师评价
1	学习准备情况	
2	引导问题填写情况	
3	是否规范操作	
4	完成质量	
5	关键操作要领掌握情况	
6	完成速度	

（续表）

序号	评价项目	教师评价
7	是否进行5S管理	
8	参与讨论的主动性	
9	沟通协作情况	
10	展示汇报情况	

 学习情境相关知识点

☼ **知识点1：装卸搬运工安全操作规程**

（1）工作前应检查装卸地点及道路情况，清除周围障碍物，保证在安全环境下工作。装卸物件必须用跳板，搭桥时，应选用强度高、质量好的跳板，并安放牢固。

（2）作业前应检查所使用的机械和工具，若有损坏，应修好后再使用。

（3）装卸搬运工在进行随车装卸、起重作业时，应遵守相应的安全操作规程。

（4）装卸物件时应遵守以下操作规范。①超长物件应捆绑两点，并调整好绳扣捆绑位置，使物件水平起吊，应防止绳扣交叉捆吊。②使用管子拖车或装车架装运超长物件时，要摆放平稳、均匀，防止偏重，封车时要牢固可靠。③起吊保温管、绝缘管时，绳扣应套胶皮管，防止钢绳勒坏保温层、绝缘层。拉运、堆放时应用软性垫具垫好，禁止用硬物垫隔，禁止用撬棍撬保温层、绝缘层。④卸车后应按规格、型号分别堆放。堆放要稳当，防止下滑或倾倒。

（5）使用移动式皮带运输机时，应遵守以下操作规范。①先空转，无异常情况时方可正式装料。数台机器串联使用时，必须全部运转正常后装料。必须等皮带上的物料全部卸完后方可停车。②运转中不许人从下面钻过或从皮带上面跨过，工作中随时注意皮带走向，跑偏时立即停下、修理、保养。修理工作不得在运行中进行。

☼ **知识点2：叉车安全操作规范**

1.人员规范

驾驶叉车的人员必须经过专业培训，通过安全生产监督部门的考核，取得叉车操作证书，并经公司同意后方能驾驶叉车，严禁无证操作。叉车操作培训如图2-4-1所示。

驾驶员严谨酒后驾驶叉车，在叉车行驶过程中不得饮食、闲谈、用手机和用对讲机。

图2-4-1 叉车操作培训

2.启动叉车的规范

叉车启动前，检查启动装置、音响信号、电瓶电路、运转装置、货叉、轮胎是否处于完好状态。

叉车起步前，驾驶员要查看周围有无人员和障碍物，然后鸣号起步。在载物起步时，驾驶员应先确认所载货物平稳、可靠。

3.叉车行驶规范

（1）行驶时，货叉底端距地高度应保持300～400mm，门架须后倾。

（2）行驶时货叉不能升得太高，否则影响叉车的稳定性。进出作业现场或行驶途中，要注意上空有无障碍物。

（3）卸货后应先使货叉降落至正常的行驶位置后再行驶。

（4）转弯时，如附近有行人或车辆，应先发出行驶信号。禁止高速急转弯，高速急转弯会导致车辆失去横向平衡而倾翻。

（5）在下坡时，严禁熄火滑行，非特殊情况禁止在载物行驶过程中急刹车。

（6）叉车在运行时要遵守仓库内的交通规则，必须与前面的车辆保持一定的安全距离。

（7）叉车运行时，载物必须处于不妨碍行驶的最低位置，门架要适当后倾；除堆垛或装车时，不得升高载物。

（8）载物高度不得遮挡驾驶员视线。

（9）禁止在坡道上转弯，也不应横跨坡道行驶。

（10）叉车在库内区域的安全行驶速度为不高于5km/h，进入作业区域后必须低速安全行驶。

（11）叉车起重升降或行驶时，禁止人员站在货叉上把持物品和起平衡作用。

（12）发现问题及时检修和上报，绝不隐瞒不报。

4.叉车装卸作业规范

利用叉车实施装卸作业时，需要遵循以下作业规范。

（1）叉车装载货物时，应按需要调整两货叉间距，使两货叉负荷均衡，不得偏斜，货物的一面应贴靠挡物架，叉车的重量应符合载荷中心曲线标志牌的规定。

（2）禁止单货叉作业或用货叉顶物、拉物。特殊情况下，拉物时必须设立安全警示牌提醒周围行人。

（3）在货物的装卸过程中，必须用制动器制动叉车。

（4）车速应缓慢平稳，注意车轮不要碾压货物和垫木。

（5）用货叉叉货时，货叉应尽可能深地叉入载物下面，还要注意货叉尖不能碰到其他货物或物件。应采用最小的门架后倾角度来稳定载物，以免载物向后滑动。放下载物时，可使门架少量前倾，以便安放载物和抽出货叉。

（6）禁止高速叉取货物和用叉头碰撞坚硬物体。

（7）叉车进行叉物作业时，禁止人员站货叉上及站在货叉周围，以免货物倒塌伤人。

（8）禁止超载，禁止用货叉举升人员进行高处作业，以免发生高空坠落事故。

（9）不准用制动惯性溜、放圆形或易滚动货物。

（10）不准用货叉挑、翻栈板的方法卸货。

5.离开叉车的操作规范

禁止驾驶员在货叉上货物悬空时离开叉车。驾驶员离开叉车前必须卸下货物或降下货叉，同时将手柄拉死或压下手刹开关。驾驶员离开叉车时，要确保叉车发动机熄火、停电，切记要拔下叉车的钥匙。

☼ 知识点3：叉车技术状况检验标准

1.车身外表部分

（1）叉车外表应整洁，车身应周正，左右对称，外表不得有明显的凸起及塌陷。

（2）车身平整美观，线条流畅，漆色整体协调统一，无较严重的掉漆。

（3）车上坐垫、扶手安装牢固，行车中无松旷及异响现象。

2.发动机部分

（1）发动机整洁，运转平稳，动力性好，无异响，启动和关闭熄火控制正常。

（2）点火系统、燃料系统、润滑系统、冷却系统等机件齐全，性能良好，安装牢固；线路及管路不接触，无漏油、漏水、漏气等现象。

（3）发动机润滑油必须清洁，油量必须达到规定的标准。

3.传动系统

（1）离合器分离时要分离彻底，结合时要平稳、不打滑、无异响；踏板应有适当的自由行程。

（2）变速器无跳挡、乱挡；差速器不缺油、不漏油、无异响。

（3）各部位连接螺杆齐全、紧固。

4.转向系统

（1）转向盘应有一定的自由转动量，不得大于原厂规定。

（2）转向轻便、灵活，行驶中不得有轻飘、摆振、抖动、阻滞及跑偏现象。

（3）转向系统不得缺油、漏油；固定托架必须牢固。

5.制动系统

（1）脚刹车的踏板应有适当的自由行程，不得大于或小于原厂规定。

（2）叉车在行驶中，脚踩刹车踏板应在第一脚能达到较好的制动效果，并无跑偏现象。

（3）拉紧手刹柄能产生制动作用，在一般坡道上，车辆不自动滑溜，拉杆或拉线等机件应完好无损。

6.操纵液压起重装置

（1）各操纵机构均应操纵灵活，工作可靠。

（2）油泵分配阀、起升油缸、倾斜油缸等不漏油。

（3）各连接部位必须牢固、可靠。

（4）起重传动链条工作可靠，装配应不紧不旷，装配角度正确；链条传动齿轮、滑轮及各部位的螺钉齐全有效、润滑良好，行驶或作业中不抖动，无异响。

7.行驶系统

（1）车架不得变形、开裂或锈蚀，各部位螺母、螺栓、铆钉不得短缺、松动，底盘需均匀涂漆。

（2）底盘减振钢板或减振弹簧安装牢固，不得有断裂现象。

（3）同一桥上左、右车轮应装用同型号、同花纹的轮胎，轮胎气压应符合规定。

8.灯光电器系统

（1）所有灯光开关要安装牢固，开启、关闭自如，不得因振动自行开闭或改变光照方向。

（2）灯光必须齐全，工作良好。

（3）必须使用低噪声喇叭，并不得有怪声。

（4）所有电器导线均需捆扎成束，布置整齐，固定卡紧，连接牢固。

（5）蓄电池外表清洁，固定牢固，电池内的电解液的液面应达到规定标准。

智慧仓储中的新型装卸搬运设备：提升效率
与效益的京东"地狼"AGV

随着物流行业的迅速发展，智慧仓储成了提高效率与效益的关键环节。京东物流在智慧仓储领域引入了一种新型装卸搬运设备——"地狼"AGV，这一创新案例为行业树立了新的标杆。

"地狼"AGV是一种自动导引车，能够在仓库内自主导航、搬运货物。相较于传统的人工搬运，AGV具有更高的效率和准确性。在京东的智慧仓储系统中，"地狼"AGV被广泛应用于货物的拣选、搬运和储存等环节。

在拣选环节，"地狼"AGV能够根据订单信息，自动将货物从储存区搬运至拣选区，大大减少了人工搬运的时间和错误率。在搬运环节，AGV能够快速、准确地将货物从一个区域搬运到另一个区域，提高了仓库的作业效率。此外，在储存环节，"地狼"AGV能够根据货物的属性和储存要求，自动选择合适的储存位置，实现了仓库空间的最大化利用。

通过引入"地狼"AGV等智慧装卸搬运设备，京东物流的智慧仓储系统实现了货物处理的自动化和智能化，大大提高了仓库的作业效率和准确性。这不仅降低了物流成本，也提升了客户体验和服务质量。

因此，在生活和工作中，提高效率、追求效益是不断发展的重要动力。

项目三　智慧分拣设备的选用

任务一　认识常规分拣设备

学习情境

极速物流有限公司的仓储中心收到的订单信息如表3-1-1所示。

表3-1-1　　　　　　　　　　　　订单信息

客户名称	沃尔玛超市		订单号		CKD0012
货品明细					
序号	货品编号	货品名称	规格	单位	数量
1	61402122	康师傅方便面	40包/箱	箱	20
2	61402145	康师傅八宝粥	40罐/箱	箱	35

订单员根据订单制作拣货单，如表3-1-2所示。

表3-1-2　　　　　　　　　　　　拣货单

客户名称	沃尔玛超市			订单号			CKD0012	
仓库编号	KF001			制单日期			20220615	
货品明细								
序号	库区	货位	货品编号	货品名称	规格	单位	应拣数量	实拣数量	备注
1	A库区	01010101	61402122	康师傅方便面	40包/箱	箱	20		
2	A库区	01010102	61402145	康师傅八宝粥	40罐/箱	箱	35		
制单人		孙伟		拣货人			复核人		

仓库经理陆超安排小威负责完成拣货，小威需要根据订单选择拣货工具，他该怎么做呢？

学习目标

知识目标	掌握常见的分拣方式
技能目标	能够列举常见的分拣设备
	能够根据订单需求正确选择常规分拣设备
素养目标	在选择设备的过程中，具备严谨细致的工作态度和精益求精的工匠精神

任务书

完成任务单（见表3-1-3）中的任务。

表3-1-3　　　　　　　　　　　　　任务单

专业班组		班长		日期	

任务：认识常规分拣设备

检查意见：

签章：

任务分组

学生按要求自行分组并填写任务分配表（见表3-1-4）。

表3-1-4　　　　　　　　　　　　任务分配表

班级		组号		指导教师	
组长		学号			
组员		姓名		学号	

（续表）

组员	姓名		学号
任务分工			

任务实施

🔍 引导问题1：分组讨论物流台车的概念。

_____

_____

_____

_____

_____

 小提示

物流台车又叫载货台车、笼车、周转车，是一种安装有四只脚轮的运送与储存物料的单元移动集装设备。常用于大型超市的物流配送或工厂工序间的物流周转。

物流台车存放的产品陈列醒目，在拣选中，一方面对物料的安全起保护作用；另一方面不会使已分拣配备好的产品杂乱。物流台车的轮子通常设计为两只定向轮和两只万向轮，以方便人工推行，装卸也十分省力。物流台车可依据货物设计承载重量。

🔍 引导问题2：请仔细查看以下物流台车图片，并将图片与物流台车种类用线连起来。

两轮手推台车

立体多层式手推台车

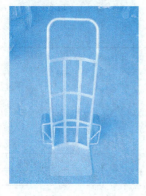

电动手推台车

登高式手推台车

附梯式手推台车

网格状物流台车（笼车）

🔍 引导问题3：除了物流台车，人工拣选还会用到哪些设备？

_____

_____

🛡 评价反馈

各组代表展示作品，介绍任务的完成过程。作品展示前应准备阐述材料，并完成表3-1-5、表3-1-6、表3-1-7。

表 3-1-5　　　　　　　　　学生自评表

序号	评价项目	学生自评
1	任务是否按时完成	
2	相关理论学习情况	
3	技能训练情况	
4	任务完成情况	
5	任务创新情况	
6	材料上交情况	
7	收获	

表 3-1-6　　　　　　　　　学生互评表

序号	评价项目	小组互评
1	任务是否按时完成	
2	材料上交情况	
3	作品质量	
4	语言表达能力	
5	小组成员合作情况	
6	是否有创新点	

表 3-1-7　　　　　　　　　教师评价表

序号	评价项目	教师评价
1	学习准备情况	
2	引导问题填写情况	
3	是否规范操作	
4	完成质量	
5	关键操作要领掌握情况	
6	完成速度	
7	是否进行5S管理	

 智慧物流设施设备

（续表）

序号	评价项目	教师评价
8	参与讨论的主动性	
9	沟通协作情况	
10	展示汇报情况	

学习情境相关知识点

知识点：分拣方式

货物的分拣可以由人工或自动化设备完成。具体分拣方式可分为手工分拣、机械辅助分拣、自动拣货系统分拣。

1.手工分拣

通常小体积、少批量、搬运重量在人力范围内，出货频率不是特别高的货物，可以采取手工分拣方式。

2.机械辅助分拣

对于体积大、重量大的货物，可以利用升降叉车等搬运机械辅助分拣。

3.自动拣货系统分拣

对于出货频率很高的货物，可以采取自动拣货系统分拣。

任务二　认识智能分拣设备

学习情境

M市卷烟物流中心规划年销量11万箱，面向全市卷烟零售点进行配送。极速物流有限公司作为M市卷烟物流中心的物流系统集成商，承担了M市新建卷烟物流中心工艺设备的选择与集成工作。M市卷烟物流中心规划配送量如表3-2-1所示。

表3-2-1　　　　　　M市卷烟物流中心规划配送量

项目	数量
年配送规模	11万箱
年配送规格数	90个
日均规格数	65个

（续表）

项目	数量
日均配送量	11万条
日均订单数	2222张

　　由于M市卷烟物流中心日处理量大，日订单多，分拣一直是其核心环节。在M市卷烟物流中心运行的卷烟分拣系统，根据每日订单情况的不同，其分拣效率可设计为15000～22000条/小时，平均为17000条/小时左右。小威将协助仓库经理陆超为该卷烟物流中心选择自动分拣设备（见图3-2-1），他该怎么做呢？

图3-2-1　自动分拣设备

学习目标

知识目标	了解自动分拣设备的概念
	掌握自动分拣系统的构成
技能目标	能够辨别常见的自动分拣设备
	能够根据实际情况正确选择自动分拣设备
素养目标	在选择设备的过程中，具备严谨细致的工作态度和精益求精的工匠精神

任务书

完成任务单（见表3-2-2）中的任务。

表3-2-2　　　　　　　　　　　　　　任务单

专业班组		班长		日期	

任务：认识智能分拣设备

检查意见：

签章：

任务分组

学生按要求自行分组并填写任务分配表（见表3-2-3）。

表3-2-3　　　　　　　　　　　　　　任务分配表

班级		组号		指导教师	
组长		学号			
组员		姓名		学号	
任务分工					

任务实施

引导问题1：分组讨论自动分拣设备的概念。

_____

_____

_____

_____

_____

自动分拣设备是集光、电、信息技术于一体的系统设备,可扫描右侧的二维码了解其概念和发展。

自动分拣设备
的概念和发展

🔍 **引导问题2:了解自动分拣系统的构成。**

(1)在进入分拣系统前,货物的外包装上应贴上或打印上表明_____等的标签。在货物入库时,根据标签上的代码,可以_____,标签可以正确引导货物的流向;堆垛起重机可以按照代码把货物存入指定的货位。当货物出库时,标签可以引导货物流向指定的____,以便集中发运。

(2)控制装置的作用是_____,根据分拣信号的要求指示自动分拣装置按货物品种、商品送达地点或货主的类别对货物进行分拣。

(3)分拣装置根据_____传来的指令,把货物输送到输送机分支或倾斜滑道上,完成货物的分拣输送。

(4)输送装置的主要组成部分是_____,其主要作用是使待分拣货物通过控制装置、分类装置,及连接的若干____,滑下主输送机,以便进行后续作业。

(5)分拣道口是已分拣货物脱离_____进入集货区域的通道,一般由_____,使货物从主输送机滑向集货站台,在那里,工作人员将该道口的所有货物集中后,或是入库储存,或是组配装车并进行配送作业。

通过扫描右侧的二维码,观看视频,思考该系统是如何实现自动分拣的?

电商往复式
分拣系统

🔍 引导问题3：查阅资料，浏览相关网页，了解自动分拣设备的类型及特性，并完成表3–2–4。

表3–2–4　　　　　　　　　　自动分拣设备的类型及特性

类型	图片	特性
带式分拣机		
横向推出式辊道分拣机		
悬挂式分拣机		
托盘式分拣机		

🇺 评价反馈

各组代表展示作品，介绍任务的完成过程。作品展示前应准备阐述材料，并完成表3–2–5、表3–2–6、表3–2–7。

表3-2-5　　　　　　　　　　　学生自评表

序号	评价项目	学生自评
1	任务是否按时完成	
2	相关理论学习情况	
3	技能训练情况	
4	任务完成情况	
5	任务创新情况	
6	材料上交情况	
7	收获	

表3-2-6　　　　　　　　　　　学生互评表

序号	评价项目	小组互评
1	任务是否按时完成	
2	材料上交情况	
3	作品质量	
4	语言表达能力	
5	小组成员合作情况	
6	是否有创新点	

表3-2-7　　　　　　　　　　　教师评价表

序号	评价项目	教师评价
1	学习准备情况	
2	引导问题填写情况	
3	是否规范操作	
4	完成质量	
5	关键操作要领掌握情况	
6	完成速度	
7	是否进行5S管理	
8	参与讨论的主动性	
9	沟通协作情况	
10	展示汇报情况	

学习情境相关知识点

知识点1：自动分拣设备的基本技术要求

1.迅速且差错率低

能迅速、准确地分拣货物，且分拣差错率低。当前许多分拣机的准确率已达到99.9%。

2.分拣能力强

现代大型分拣系统分拣道口数目可达数百个，有的甚至达500个以上，所以要求自动分拣设备必须具有较强的分拣能力。

3.适用范围广

自动分拣设备对分拣货物的大小、形状、包装形式及材质等的适应范围要广。

4.安全性能高

自动分拣设备工作时对分拣货物的冲击和振动要小，安全保护措施齐全，不能对被分拣货物造成损坏。

5.操作简单

分拣作业中操作人员输入分拣命令简单方便，人工辅助动作简单、省力。

6.功能完善

自动控制和计算机管理的功能完善，性能安全可靠。

知识点2：自动分拣设备的工作过程

各种自动分拣设备虽然在具体结构上有所不同，但分拣的工作过程基本相同。

在进入分拣系统前，货物的外包装上应贴上或打印上表明货物品种、规格、数量、货位、货主等的标签。根据标签上的代码，在货物入库时，可以知晓入库的货位，在输送货物的分叉处，标签可正确引导货物的流向，而且堆垛起重机可以按照代码把货物存入指定的货位。当货物出库时，标签可以引导货物流向指定的输送机的分支，以便集中发运。货物进入分拣系统，可采用人工搬运或机械化搬运、自动化搬运等方式。货物也可以通过多条输送线进入分拣系统。经过合流逐步将各条输送线上输入的货物，合并于汇集输送机上，同时，将货物在输送机上的方位进行调整，以适应分拣信号输入和分拣的要求。汇集输送机具有自动停止和启动的功能，如果前端分拣信号输入装置偶然发生事故，或货物和货物连接在一起，或输送机上货物已经满载时，汇集输送机就会自动停止，等恢复正常后再自行启动，所以它也起到缓冲的作用。

为了把货物按要求分拣出来，并送到指定地点，一般需要对分拣过程进行控制。通常是把分拣的指示信息记忆在货物或分拣机上。将货物分拣信息输入计算机，当货物到达时，激光扫描器对其条码标签进行扫描，把识别的信息与计算机下达的指令对照，向自动分拣机发出执行的信息，启动分支装置，使其分流。控制方式分为外部记忆和内部记忆两种方式。外部记忆是把分拣指示标签贴在分拣货物上，工作时用识别装置进行区分，然后再进行相应的操作。内部记忆是在自动分拣机的货物入口处设置控制盘，利用控制盘，操作者在货物上输入分拣指示信息，当这个货物到达分拣位置时，自动分拣机接收到信息，启动分支装置。

货物离开分拣信号输入装置后在分拣输送机上移动时，根据不同货物分拣信号所确定的移动时间，使货物移动到指定的分拣道口，由该处的分拣机构按照上述的移动时间自行启动，将货物排离主输送机，再进入分流滑道。大型分拣输送机可以高速地把货物分送到数十条输送分支上。分拣机的控制系统采用程序逻辑控制合流、分拣信息输入、分拣和分流等全部作业，目前普遍采用的是以计算机或若干个微处理机为基础的控制方式。

分拣出的货物离开主输送机，再经滑道到达分拣系统的终端，这就是分运。分运所经过的滑道一般是无动力的，借货物的自重从主输送机上滑行下来。在各个滑道的终端，由操作人员将货物搬入容器或搬上车辆。

知识点3：自动分拣设备的类型

1.带式分拣机

带式分拣机是利用输送带载运货物完成分拣工作的设备。这种分拣机适用于食品、烟草等行业。其结构包括制单系统、供包机、扫描器、输送系统、主控系统和监控系统等。带式分拣机平面结构如图3-2-2所示。

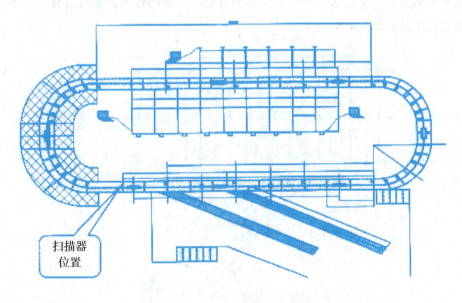

扫描器
位置

图3-2-2　带式分拣机平面结构

2.翻板分拣机

翻板分拣机（见图3-2-3）是用途较为广泛的板式传送分拣机械设备。它由一系列相互连接的翻板、导向杆、牵引装置、驱动装置、支承装置等组成。

图3-2-3　翻板分拣机

3.浮出式分拣机

浮出式分拣机主要由两排旋转的滚轮组成，滚轮设置在传递带下面，每排有8～10个滚轮。滚轮的排数可设计成单排，也可设计成双排，主要由被分拣物的重量决定。滚轮接收到分拣信号后立即跳起，使两排滚轮的表面高出主传送带10mm，并根据信号要求向某侧倾斜，使原来保持直线运动的货物在一瞬间转向，实现分拣。浮出式分拣机的结构如图3-2-4所示。

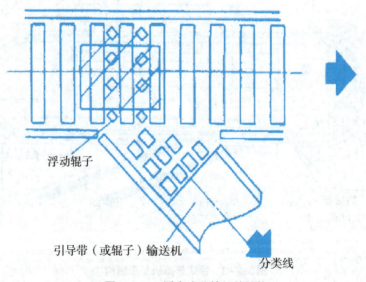

浮动辊子

引导带（或辊子）输送机　　　　　分类线

图3-2-4　浮出式分拣机的结构

4.横向推出式辊道分拣机

横向推出式辊道分拣机（见图3–2–5）又称推块式分拣机。它以辊道输送机为主，在分拣口处的辊子间隙之间，安装一系列由链条拖动的细长导板（推块）。平时导板位于辊道侧面排成直线，不影响分拣物的运行；在分拣时，导板沿辊道间隙移动，逐步将分拣物推向侧面，进入分拣岔道。横向推出式辊道分拣机呈直线布置，结构紧凑、可靠、耐用、使用成本低、操作安全，可以单、双侧布置。这种分拣机动作比较柔和，适用于分拣易翻倒或易碎的货物。

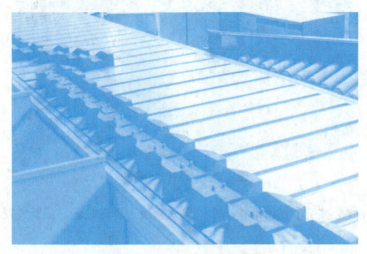

图3–2–5　横向推出式辊道分拣机

汽缸推出式辊道分拣机是常见的横向推出式辊道分拣机。汽缸推出式辊道分拣机每组辊子（一般由3～4个辊子组成，与货物宽度或长度相当）均具有独立的动力。根据货物的存放和分路要求，计算机可控制各组辊子转动或停止。货物输送过程中，在需要积放、分路的位置均设置了光电传感器进行检测。汽缸推出式辊道分拣机的结构如图3–2–6所示。

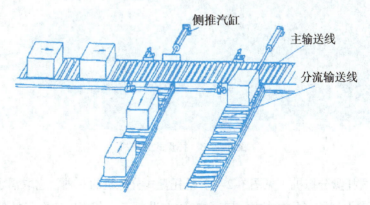

图3–2–6　汽缸推出式辊道分拣机的结构

5.悬挂式分拣机

悬挂式分拣机（见图3-2-7）是用牵引链或钢丝绳作牵引件的分拣机械设备。悬挂式分拣机可悬挂在空中进行作业。按照有无支线，它可分为固定悬挂式分拣机和推式悬挂式分拣机。固定悬挂式分拣机用于分拣、输送货物，只有一条主输送线路，吊具和牵引链是连接在一起的。推式悬挂式分拣机除了具有主输送线外，还具有储存支线，并有分拣、储存、输送货物等多种功能。

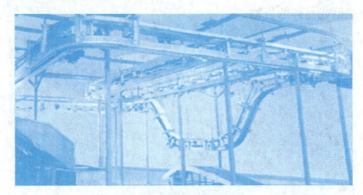

图3-2-7　悬挂式分拣机

固定悬挂式分拣机主要由吊挂小车、输送轨道、驱动装置、张紧装置、编码装置、夹钳等组成。

推式悬挂式分拣机具有线路布置灵活，允许线路爬升等优点，普遍用于货物分拣和储存业务。

6.托盘式分拣机

托盘式分拣机（见图3-2-8）是一种使用十分广泛的机型，它主要由托盘小车、驱动装置、牵引装置等组成。

图3-2-8　托盘式分拣机

交叉带式托盘分拣机（见图3-2-9）是托盘式分拣机的一种，它取消了传统的盘面倾翻、利用重力卸落货物的结构，而在车体上设置了一条可以双向运转的交叉带，用它来承接从上货机来的货物，由链牵引运行到相应的格口，再由交叉带运转，将货物强制卸落到左侧或右侧的格口中。

图3-2-9　交叉带式托盘分拣机

☀ 知识点4：自动分拣系统的构成

在一个完整的自动化物流仓储系统中，自动分拣系统是物流自动化的关键核心设备，从自动化效果来看，目前半自动分拣设备的效率是人工分拣的3倍以上，自动分拣设备的效率是人工分拣的6倍以上。接下来，我们将通过分拣这个环节来了解自动分拣系统所需要的四大装置。

1.控制装置

控制装置的作用是识别、接收和处理分拣信号，根据分拣信号的要求指示自动分拣装置按货物品种、商品送达地点或货主的类别对货物进行分拣。

2.分类装置

分类装置根据控制装置传来的指令，把货物输送到输送机分支或倾斜滑道上，完成货物的分拣输送。

3.输送装置

输送装置的主要组成部分是传送带或输送机。其主要作用是使待分拣货物通过控制装置、分类装置，及连接的若干分拣道口，滑下主输送机，以便进行后续作业。

4.分拣道口

分拣道口是已分拣货物脱离主输送机进入集货区域的通道，一般由滚珠模组带动滑道，使货物从主输送机滑向集货站台，在那里，工作人员将该道口的所有货物集中后，或是入库储存，或是组配装车并进行配送作业。

以上四部分装置通过计算机网络连接在一起，配合人工控制及相应的人工处理环节构成一个完整的自动分拣系统。

任务三　认识分拣辅助设备

学习情境

M市卷烟物流中心规划年销量11万箱，面向全市卷烟零售点进行配送。极速物流有限公司作为M市卷烟物流中心的物流系统集成商，承担了M市新建卷烟物流中心工艺设备的选择与集成工作。M市卷烟物流中心规划配送量如表3-3-1所示。

表3-3-1　　　　　　　　　　　　M市卷烟物流中心规划配送量

项目	数量
年配送规模	11万箱
年配送规格数	90个
日均规格数	65个
日均配送量	11万条
日均订单数	2222张

由于M市卷烟物流中心日处理量大，日订单多，分拣一直是其核心环节。在M市卷烟物流中心运行的卷烟分拣系统，根据每日订单情况的不同，其分拣效率可设计为15000~22000条/小时，平均为17000条/小时左右。小威将协助仓库经理陆超为该卷烟物流中心选择分拣辅助设备（见图3-3-1），他该怎么做呢？

学习目标

知识目标	理解电子标签拣货系统的概念
	掌握电子标签拣货系统的结构

技能目标	能够掌握电子标签拣货系统的特点
	能够阐述电子标签拣货系统的两种作业方式
	能够根据实际情况正确选择分拣辅助设备
素养目标	具备创新思维，树立效率意识

图3-3-1　分拣辅助设备

任务书

完成任务单（见表3-3-2）中的任务。

表3-3-2　　　　　　　　　　　　　　　任务单

专业班组		班长		日期	

任务：认识分拣辅助设备

检查意见：

签章：

任务分组

学生按要求自行分组并填写任务分配表（见表3-3-3）。

表3-3-3　　　　　　　　　　　任务分配表

班级		组号		指导教师	
组长		学号			
组员		姓名		学号	
任务分工					

任务实施

🔍 引导问题1：分组讨论电子标签拣货系统的概念。

_____

_____

_____

_____

小提示

电子标签拣货系统是通过一组安装在货位上的电子标签作为拣货指示装置，引导拣货人员正确、快速、轻松地完成拣货作业的一种人机交互系统，它属于半自动化的分拣系统。

🔍 引导问题2：请在图3-3-2中标出电子标签拣货系统各部分的名称。

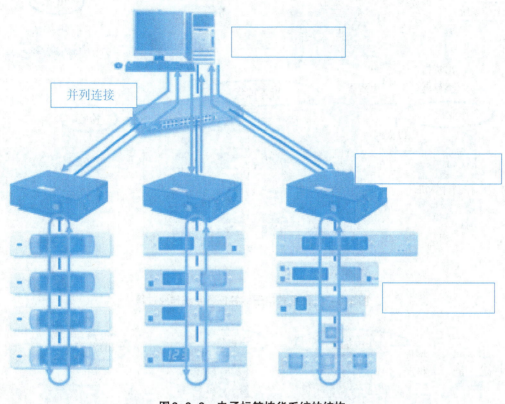

图3-3-2　电子标签拣货系统的结构

🔍 引导问题3：查阅资料，浏览网页，总结出电子标签拣货系统的特点。

_____

_____

_____

_____

_____

_____

_____

🔍 引导问题4：观察图3-3-3和图3-3-4，尝试归纳相应类型的电子标签拣货系统的概念。

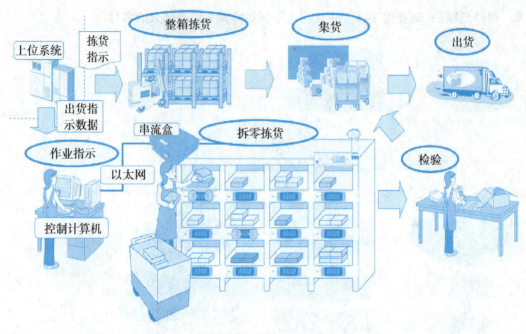

图3-3-3　摘果式电子标签拣货系统作业过程

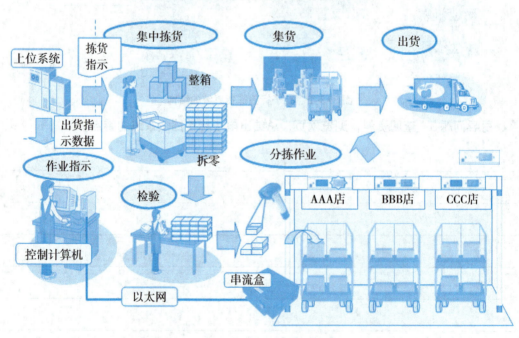

图3-3-4　播种式电子标签拣货系统作业过程

（1）摘果式电子标签拣货系统是_____

_____

_____。

（2）播种式电子标签拣货系统是_____

_____

_____。

U 评价反馈

各组代表展示作品，介绍任务的完成过程。作品展示前应准备阐述材料，并完成表3-3-4、表3-3-5、表3-3-6。

表3-3-4　　　　　　　　学生自评表

序号	评价项目	学生自评
1	任务是否按时完成	
2	相关理论学习情况	
3	技能训练情况	
4	任务完成情况	
5	任务创新情况	
6	材料上交情况	
7	收获	

表3-3-5　　　　　　　　学生互评表

序号	评价项目	小组互评
1	任务是否按时完成	
2	材料上交情况	
3	作品质量	
4	语言表达能力	
5	小组成员合作情况	
6	是否有创新点	

表3-3-6 　　　　　　　　　　　教师评价表

序号	评价项目	教师评价
1	学习准备情况	
2	引导问题填写情况	
3	是否规范操作	
4	完成质量	
5	关键操作要领掌握情况	
6	完成速度	
7	是否进行5S管理	
8	参与讨论的主动性	
9	沟通协作情况	
10	展示汇报情况	

学习情境相关知识点

知识点1：电子标签拣货系统的结构

电子标签拣货系统是一种由计算机辅助的无纸化的拣货系统，主要由控制计算机、交换机、接线箱、各种电子标签等组成，如图3-3-5所示。

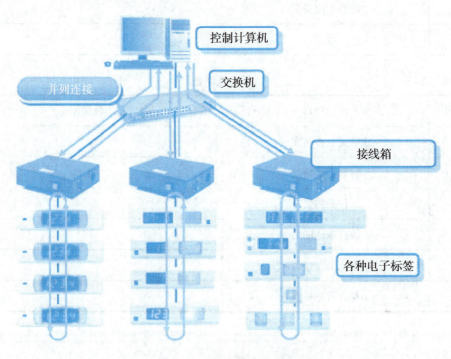

图3-3-5 　电子标签拣货系统的结构

计算机传递拣选指令到拣货人员面前的数字显示器上，如图3-3-6所示，导引拣货人员完成规定的作业。其原理是在每一个货位上安装数字显示器，利用计算机将订单信息传输到数字显示器内，拣货人员根据数字显示器所显示的数字拣货，拣完货之后按确认键，即完成拣货作业。电子标签及电子指示灯安装在拣选货架的相应位置上，主要用于显示拣货信息。当某一货位有拣货任务时，该货位对应的电子指示灯亮起，并用数字显示需要拣货的数量。拣货人员在货架通道行走时，看到亮灯的电子标签就会停下来，并按显示数字来拣选货物；当拣货人员完成拣货作业后，就会按下电子标签上的确认键，报告分拣作业已经完成。利用电子标签可以实现品种、库位指示，出库数量显示，操作完成信息确认。

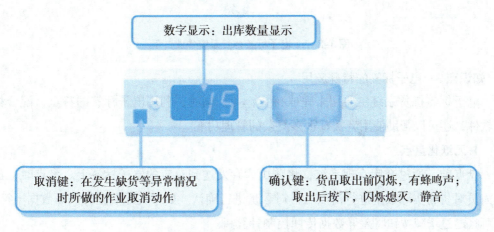

图3-3-6　数字显示器

💡 知识点2：电子标签拣货系统的特点

　　电子标签拣货系统是计算机辅助分拣方式下规模较小的配送中心经常使用的一种分拣系统，可以用于批量分拣，也可以用于按单分拣，但是货物品项太多时不太适用，会导致成本过高。与传统的人工分拣方式相比，电子标签拣货系统具有如下优点。

　　（1）实现无纸化作业，无须打印出库单、分拣单等纸张单据，节省纸张；减少了出库前单据处理时间。

　　（2）加快了分拣速度。

　　（3）提高了分拣的准确率。

　　（4）提高了分拣效率，降低了分拣成本。

　　（5）降低了因发货不准确造成的退货、投诉和财产损失，提高了企业的信誉度。

　　（6）实时化对应，能够做到作业结果立刻上传控制系统，如图3-3-7所示。

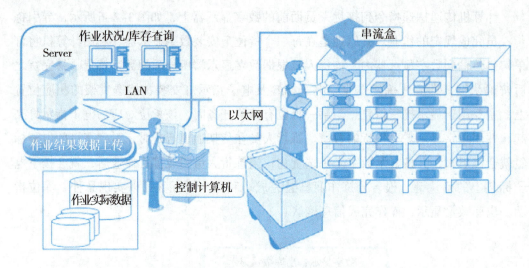

图3-3-7　电子标签拣货系统作业过程

知识点3：电子标签的特殊应用

电子标签拣货系统主要用来完成拣货作业。同时，利用电子标签的特点，配合相应软件，还可以帮助使用者实现很多复杂的管理功能。

1.无纸化盘点

盘点前，通过仓库管理系统，将账面库存发送到对应的电子标签上。盘点时，盘点人员对货物实际数量进行清点后，对数量进行确认。如果实际数据与账面数据不符，还可将通过增减按钮将差异数据传回控制计算机。

2.入库及补货库位指示

电子标签拣货系统要求严格的货位管理。在入库作业时，可利用电子标签显示货物的正确入库库位，提高入库作业的效率。

3.补货及缺货通知

在拣货过程中，当拣货人员发现拣货数量不足时，可通过增减按钮将信息传回控制计算机，提示补货人员进行补货。同时，拣货人员还可将不足数量传回控制计算机，控制计算机可根据实际拣货数量打印正确的发票和收据。

4.误操作取消

当拣货人员由于疏忽发生错误操作时，可利用事先的设定取消该笔操作。

5.箱满显示功能

每个配送客户订单除配备一只普通电子标签外，还配备一只不同颜色的电子标签作为箱满显示器。随着分拣作业的进行，客户的订单先后得到满足。此时，控制计算机会点亮负责箱满显示的电子标签，提示作业员该客户订单已完成，可进行下一步操作。

任务四　安全使用分拣设备

学习情境

为保障分拣设备的安全使用，企业应该制定系统的分拣设备安全操作规程。小威将协助仓库经理陆超为极速物流有限公司的仓储中心制定分拣设备安全操作规程。

学习目标

知识目标	了解分拣设备安全操作注意事项
	掌握自动分拣设备管理要求
技能目标	能够正确使用分拣设备
素养目标	具备安全意识和规范操作意识

任务书

完成任务单（见表3-4-1）中的任务。

表3-4-1　　　　　　　　　　　　　　任务单

专业班组		班长		日期	

任务：安全使用分拣设备

检查意见：

签章：

任务分组

学生按要求自行分组并填写任务分配表（见表3-4-2）。

表3-4-2   任务分配表

班级		组号			指导教师	
组长		学号				
组员	姓名				学号	
任务分工						

📑 任务实施

🔍 **引导问题1：分拣设备有哪些安全操作注意事项？**

_____

_____

_____

_____

_____

_____

🔍 **引导问题2：了解《自动分拣设备管理要求》（WB/T 1041—2012），思考并完成下列问题。**

（1）自动分拣设备系统使用单位应设置设备管理机构，配备___人员和___人员。

（2）自动分拣设备使用单位应建立健全各项规章制度，做到使用有要求，运行有记录，维护有规程，应逐步建立＿＿＿＿、＿＿＿＿、＿＿＿＿、＿＿＿＿、＿＿＿＿、＿＿＿＿和＿＿＿＿。

（3）在编制购置规划时应考虑哪些因素？

_____

_____

_____

_____

_____

_____

（4）自动分拣设备操作人员每日的清洁维护工作有哪些？

_____

_____

_____

_____

_____

（5）自动分拣设备满足哪些条件可申请报废？

_____

_____

_____

_____

_____

_____

🔍 引导问题3：查阅资料，浏览相关网页，判断以下对分拣设备的操作是否正确。（对√，错×）

（1）在分拣设备电源开关、电机附近堆放其他物品。（　　）

（2）在分拣设备安全区搬运、堆垛其他杂物。（　　）

（3）严禁非操作人员操作分拣机，操作人员必须经过培训后方可操作。（　　）

（4）操作人员不得擅自更改分拣、喷码系统服务器设置，不得随意安装使用与分拣、喷码系统无关的软件。（　　）

（5）在分拣设备运行过程中，如果发现可疑的噪声或不正常的现象，如不严重，可继续作业。（　　）

（6）应每天清洁分拣设备，定期保养、清洗喷头，添加墨水。（　　）

（7）更换墨箱时，必须严格遵守危险化学品安全管理制度，避免有机溶剂外溢接触皮肤。（　　）

（8）未干的喷头可直接插入固定槽中使用。（　　）

（9）做好分拣设备运行记录，出现故障时，应立即拆装设备。（　　）

（10）操作人员工作完毕，应及时清理工作场地，关闭电源。（　　）

🔲 评价反馈

各组代表展示作品，介绍任务的完成过程。作品展示前应准备阐述材料，并完成表3-4-3、表3-4-4、表3-4-5。

表3-4-3　　　　　　　　　　学生自评表

序号	评价项目	学生自评
1	任务是否按时完成	
2	相关理论学习情况	
3	技能训练情况	
4	任务完成情况	
5	任务创新情况	
6	材料上交情况	
7	收获	

表3-4-4　　　　　　　　　　学生互评表

序号	评价项目	小组互评
1	任务是否按时完成	

（续表）

序号	评价项目	小组互评
2	材料上交情况	
3	作品质量	
4	语言表达能力	
5	小组成员合作情况	
6	是否有创新点	

表3-4-5　　　　　　　　　　教师评价表

序号	评价项目	教师评价
1	学习准备情况	
2	引导问题填写情况	
3	是否规范操作	
4	完成质量	
5	关键操作要领掌握情况	
6	完成速度	
7	是否进行5S管理	
8	参与讨论的主动性	
9	沟通协作情况	
10	展示汇报情况	

学习情境相关知识点

知识点1：了解设备运行、清洁维护的具体要求，并能够独立制作设备运行、清洁维护情况表，如表3-4-6所示。

表3-4-6　　　　　　　　　　设备运行、清洁维护情况表

序号	日期	开机时间	关机时间	处理件数	故障记录			清洁维护记录		操作人员	检查人员	备注
					故障时间	故障现象	修复时间	清洁维护时间	完成情况			
1												
2												

（续表）

序号	日期	开机时间	关机时间	处理件数	故障记录			清洁维护记录		操作人员	检查人员	备注
					故障时间	故障现象	修复时间	清洁维护时间	完成情况			
3												
4												
5												
6												
7												

☀ 知识点2：了解设备报修的具体要求，并能够独立制作设备报修单，如表3-4-7所示。

表3-4-7　　　　　　　　　设备报修单

设备名称			
报修人员		操作人员	

报修原因：

设备管理部门意见：

　　　　　　　　　　　　　　　　　　　　　　　　　　签章：

设备修理部门意见：

　　　　　　　　　　　　　　　　　　　　　　　　　　签章：

💡 知识点3：了解设备例行维护的具体要求，并能够独立制作设备例行维护单，如表3-4-8所示。

表3-4-8　　　　　　　　　　　　　设备例行维护单

设备名称			
例行维护人员		操作人员	

例行维护内容：

发现问题：

问题处理：

💡 知识点4：了解等级设备维护记录的具体要求，并能够独立制作对应等级的设备维护记录单，如表3-4-9所示。

表3-4-9　　　　　　　　　　　　　设备（　　级）维护记录单

设备名称			
维护人员		操作人员	
维护时间			

（续表）

维护内容：	
发现问题及问题处理：	
验收人员	
验收结论：	

安全作业，人人有责

伴随着物流自动化设备在仓储作业过程中的广泛应用，仓库安全也变得更加重要，仓库的管理更需要标准化。

仓库的安全不仅关系到国家、企业的资产安全，也关系到每一名物流作业人员的生命安全。2021年7月24日，吉林长春一物流仓库发生火灾，火灾造成15人死亡、25人受伤。2019年11月9日，上海市宝山区某公司仓库发生火灾，造成3人死亡、1人受伤，火灾持续了约1.5小时。

这些案例警醒着每一名物流人应时刻注意安全作业，在物流工作区域应严格遵守仓库管理规定，坚决执行仓库5S管理作业，特别是应对一些自动化设施设备进行定期检查，排除隐患。

古时候就有"无危则安、无缺则全"的说法，可见没有危险没有缺损才能称为安全。危险的三要素是：人的不安全行为、物的不安全状态和环境的不安全条件。但是在三者中，物和环境相对比较稳定，而人是最活跃的，由此，必须具备工匠精神，树立安全作业意识，规范作业，减少隐患。

项目四　智慧运输配送设备的选用

任务一　认识常规运输配送设备

🏪 学习情境

5月3日上午，极速物流有限公司的仓储中心客服部张悦接到一批订单，运输信息如表4-1-1所示。

表4-1-1　　　　　　　　　　　　　运输信息

货物名称	数量	出发地	目的地	时间要求
冷藏酸奶	50箱	太原	临汾	3日内到达
新鲜蔬菜	1吨	太原	太原市区	1日内到达
苹果	50吨	太原	厦门	5日内到达

在收到通知后，小威迅速展开订单处理、补货、拣货、配货作业，目前货物已经在配货准备区，小威要如何选用运输配送设备呢？

🎯 学习目标

知识目标	了解常见的几种运输方式的优缺点
	掌握各种运输方式的设备类型
技能目标	能够根据订单需求选择正确的运输配送设备
素养目标	具备统筹规划意识和成本节约意识

📋 任务书

完成任务单（见表4-1-2）中的任务。

表4-1-2   任务单

专业班组		班长		日期	

任务：认识常规运输配送设备

检查意见：

签章：

任务分组

学生按要求自行分组并填写任务分配表（见表4-1-3）。

表4-1-3   任务分配表

班级		组号		指导教师	
组长		学号			
组员	姓名			学号	
任务分工					

任务实施

引导问题1：货运站场有哪些类型？分别有什么特点？

_____

_____

_____

_____

_____

_____

_____

小提示

货运站场是专门办理货运业务或以办理货运业务为主的车站。扫描右侧二维码，了解货运站场的类型及特点。

货运站场的
类型及特点

引导问题2：查阅资料，浏览网页，了解公路货运车辆的类型并完成表4-1-4。

表4-1-4　　　　　　　　　公路货运车辆的类型

类型	图片	用途
厢式车		
		适用于矿山和建筑工地

（续表）

类型	图片	用途
栏板式货车		
		适用于运送易燃易爆品等危险品
集装箱牵引车和挂车		

 小提示

公路运输（见图4-1-1）是在公路上运送旅客和货物的运输方式，是交通运输系统的组成部分。公路运输主要的运输工具是汽车，因此，公路运输一般指汽车运输。在地势崎岖、人烟稀少、铁路运输和水路运输不发达的边远地区，公路运输是主要运输方式，起着运输干线的作用。

图4-1-1　公路运输

引导问题3：了解铁路线路的构成。

（1）铁路线路是由路基、____和____组成的一个整体工程结构。

（2）路基是铁路线路承受_____的基础结构物。

（3）轨道由钢轨、____、连接零件、____、防爬设备、____组成。

（4）道床的作用主要是_____，把从轨枕上传来的压力均匀地传给路基。

（5）道岔的作用是_____。

 小 提 示

铁路线路是为了进行铁路运输所修建的固定路线，是铁路固定基础设施的主体。铁路线路分为正线、站线、段管线、岔线及特别用途线。铁路线路的构成可通过扫描右侧二维码查看。

铁路线路的
构成

引导问题4：查阅资料，浏览网页，了解铁路机车的类型并完成表4-1-5。

表4-1-5   铁路机车的类型

类型	图片	用途
客车		
		铁路线路上大量使用的通用车型，无车顶和车厢挡板，这种车体自重较小，装运吨位较大，且无车厢挡板的制约，装卸较方便。适用于载重、体积或长度较大的货物，如钢材、木材、汽车等
敞车		

（续表）

类型	图片	用途
棚车		
保温车		
		适用于装运液体或液化气，如油、水等。该类机车只适用装运液态货物，所以通用性较差。车体为圆筒形，车上设有装卸口，还装有安全阀，有的还设有空气包

 小提示

铁路运输（见图4-1-2）的特点是采用轨道运输的方式，列车必须在铁路线路上行驶。车站是运输基地，也是铁路系统的一个基层生产单位。铁路线路和车站以及其上的信号设备共同构成了铁路运输系统的基础设施。

图4-1-2　铁路运输

引导问题5：分组讨论水路运输的优点和缺点，并完成表4-1-6。

表4-1-6   水路运输的优点和缺点

水路运输的优点	水路运输的缺点

水路运输是指利用船舶，在江、河、湖泊、人工水道以及海洋上运送旅客和货物的一种运输方式。

水路运输的优点：运量大、成本低，非常适合大宗货物的运输，可以承担原料、半成品等散货运输，如建材、石油、煤炭、矿石、粮食等。水路运输的综合运输能力主要是由船队运输能力和港口通过能力所决定。

水路运输的缺点：①船舶平均航速较低；②水路运输过程受自然条件影响较大，特别是受气候条件影响较大，因而呈现较大的波动性及不平衡性。

水路运输多用于承担国际贸易运输，是国际贸易的主要运输方式。

引导问题6：查阅资料，浏览网页，了解货船的类型及用途，并完成表4-1-7。

表4-1-7   货船的类型及用途

类型	图片	用途
干散货船		

（续表）

类型	图片	用途
杂货船		
冷藏船		
木材船		
原油船		
成品油船		

（续表）

类型	图片	用途
集装箱船		
滚装船		

🔍 **引导问题7：分组讨论航空运输的优点和缺点，并完成表4-1-8。**

表4-1-8　　　　　　　　　　航空运输的优点和缺点

航空运输的优点	航空运输的缺点

🔍 **引导问题8：查阅资料，浏览网页，了解航空港相关内容。**

（1）航空港为航空运输的经停点，又称航空站或机场，是_____的场所。

（2）航空港内的主要设施有以下几种。

①跑道与滑行道。

跑道供航空器起降，滑行道是指_____的通道。

②停机坪。

停机坪是指_____。

③指挥塔或管制塔。

指挥塔或管制塔是指_____。其位置应有利于指挥与航空管制，维护飞行安全。

④助航系统。

助航系统是辅助航空器安全飞行的设施。

⑤输油系统。

输油系统为_____补充油料。

⑥维护修理基地。

维护修理基地为航空器做归航以后或起飞以前的例行检查、_____、_____和修理。

⑦货站。

货站提供航空货物专业_____、_____、分拣、计量、_____、_____、仓储服务；航空货运信息咨询、_____服务；仓储设施的建设经营及办公场地出租；海关二级监管仓的运营等。

⑧其他各种公共设施。

其他各种公共设施包括_____、_____、通信交通消防系统等。

🔍 引导问题9：了解飞机的构成及分类。

（1）飞机主要由机翼、_____、_____、_____、操纵系统等部件组成。

（2）按照用途的不同，飞机可分为_____、_____和_____。

🔍 引导问题10：管道运输设备有哪些？

_____

_____

_____

_____

_____

评价反馈

各组代表展示作品，介绍任务的完成过程。作品展示前应准备阐述材料，并完成表4-1-9、表4-1-10、表4-1-11。

表4-1-9　　　　　　　　　　学生自评表

序号	评价项目	学生自评
1	任务是否按时完成	
2	相关理论学习情况	
3	技能训练情况	
4	任务完成情况	
5	任务创新情况	
6	材料上交情况	
7	收获	

表4-1-10　　　　　　　　　　学生互评表

序号	评价项目	小组互评
1	任务是否按时完成	
2	材料上交情况	
3	作品质量	
4	语言表达能力	
5	小组成员合作情况	
6	是否有创新点	

表4-1-11　　　　　　　　　　教师评价表

序号	评价项目	教师评价
1	学习准备情况	
2	引导问题填写情况	
3	是否规范操作	
4	完成质量	
5	关键操作要领掌握情况	
6	完成速度	

（续表）

序号	评价项目	教师评价
7	是否进行5S管理	
8	参与讨论的主动性	
9	沟通协作情况	
10	展示汇报情况	

学习情境相关知识点

☼ 知识点1：公路运输设施与设备

1.公路运输设施

公路也称作道路，是指城乡间、乡村间主要供汽车行驶的公共道路。它是汽车运输的基础，由路基、路面、桥梁、涵洞和隧道以及沿线的附属设施等组成。路基、路面、桥梁、涵洞和隧道是道路工程的主体构造物，其设计、修筑和养护需要保证在设计使用期间承受行车的载荷。

（1）公路分级。

在我国，根据公路的作用以及使用性质，可以将道路划分为：国家干线公路，即国道；省级干线公路，即省道；县级公路，即县道；乡村公路，即乡道；专用车道。不同类型和等级的道路就组成了整个道路网。各种道路在道路网当中担负不同的使命，起不同的作用。

国道在全国公路网当中具有全国性的政治、经济、国防意义，并且为国家级的干线公路。

省道在省公路网当中具有全省（自治区、直辖市）性的政治、经济意义，是经省（自治区、直辖市）统一规划的公路，由省（自治区、直辖市）公路主管部门负责修建、养护和管理。

县道在县公路网当中具有全县性的政治、经济意义，连接县城和县内乡镇主要的商品生产地和集散地，不属于国道、省道的县际间的公路也属于县道。县道由县市公路主管部门负责修建、养护和管理。

乡道又称为乡村公路，主要是为乡村经济、文化、生产、生活服务，是乡村与外部联系的公路。乡道是由县统一规划，由县乡组织修建、养护和管理。

专用车道是由工矿、农林等部门投资修建，是主要为该部门服务的公路。

我国行业标准《公路工程技术标准》规定，公路根据使用任务、功能和适应的交通量，可分为高速公路、一级公路、二级公路、三级公路和四级公路五个等级。高速公路、一级公路和部分二级公路又称为汽车专用公路，其余的称为一般公路。

高速公路是专供汽车分向、分车道行驶并全部控制出入的干线公路。高速公路为高等级路面，具有四个或四个以上车道，设有全部立体交叉和中央分隔带，并有完善的交通安全设施、管理设施与服务设施。我国的国家高速公路网由首都放射线、南北纵向线和东西横向线组成；采用放射线与纵横网格相结合的布局方案，形成由中心城市向外放射以及横连东西、纵贯南北的大通道。

一级公路是供汽车分向、分车道行驶的公路。其设施与高速公路基本相同，只是部分控制出入。一般应设置分隔带，当受到特殊条件限制时，必须设置分隔设施。它是连接高速公路或是某些大城市结合部、开发区经济带以及人烟稀少的边远地区的干线公路。

二级公路是指设计速度在每小时60～80千米，双向行驶且无中央分隔带的双车道公路。

三级公路是指供汽车行驶的双车道公路，同时也允许拖拉机、畜力车、人力车等非汽车交通通行。

四级公路是指主要供汽车行驶的双车道或单车道公路，同时也允许拖拉机、畜力车、人力车等非汽车交通通行。

（2）公路运输站场。

公路运输站场是办理客货运输集散、中转、货运中介代理、仓储保管、车辆维修保养以及为用户提供相关服务的场所，是汽车运输产业的生产与技术基地，是构成公路运输网的重要组成部分，同时也是联运服务的枢纽和中心。公路运输站场主要包括客运站和货运站。

客运站是集散旅客、停放车辆，直接为旅客以及运输经营者提供服务的场所。客运站按其站务工作量并结合所在地的政治、经济和文化等因素，可以分为一级车站、二级车站、三级车站、便捷车站。

货运站是专门办理货物运输业务的汽车站，包括公路货运站和汽车货运站，是货物集结，待装运、转运的场所。一般设在公路货物的集结点。货运站的主要工作是组织货源，受理托运、理货，编制货车运行的作业计划以及对车辆进行调度、检查、加油、维修等。

公路货运站除开展正常的货运业务外，还应提供与运输生产有关的服务，比如为货主代办报关、报检、保险等业务，提供商情信息服务，开展商品的包装、加工、处理等服务，代货主办理货物的销售、运输、结算等服务。另外，还应该为货运车辆提供停放、清洗、加油、检测和维修等服务，为货主和相关人员提供食宿、娱乐等服务。

汽车货运站的主要设施包括生产设施、生产辅助设施和生活辅助设施。生产设施主要包括业务办公设施、库棚设施、场地设施、道路设施、危险货物运输设施等。生产辅助设施主要包括维修设施、动力设施、供水供热设施、环保设施等。生活辅助设施主要包括食宿设施和其他服务设施。除此之外，汽车货运站还应该配备运输车辆、装卸机械、计量器具等。

2.公路运输设备

汽车是公路运输的主要运载工具，是指由本身的动力驱动（不包括人力、畜力），装有驾驶装置，能在固定轨道以外的道路或自然地域上运输客、货或牵引其他车辆的车辆。

汽车按照动力装置类型来分类，可分成内燃机汽车、电动汽车、燃气轮机汽车等；按照行驶道路条件分类，可分成公路用车和非公路用车；按照用途分类，可分为运输汽车和特种作业汽车两大类。

1）运输汽车

运输汽车又可以分为轿车、客车、载货车，并且可以按照汽车的主要特征参数分级。轿车按照发动机工作容积分级，客车按照车辆总长度分级，载货车按照汽车总质量分级。

（1）轿车是指用于载送人员以及随身物品，且座位布置在两轴之间的汽车，包括驾驶者在内，座位数不超过9个。轿车根据发动机工作容积分为微型轿车、普通级轿车、中级轿车、中高级轿车和高级轿车。

（2）客车是指乘坐9名以上的成员，主要提供公共服务的汽车。客车可以根据车辆长度分为微型客车、轻型客车、中型客车、大型客车、特大型客车等。

（3）载货车是指用于运载各种货物，驾驶室内还可以容纳2～6名成员的汽车，是最主要的物流公路运输机械设备。

根据载货车的总质量分类，可分为小微型载货车、轻型载货车、中型载货车和重型载货车。小微型载货车是指总质量小于1.8吨的货车；轻型载货车是指总质量为1.8～6吨的货车；中型载货车是指总质量为6＜～14吨的货车；重型载货车是指总质量大于14吨的货车。

根据载货车的用途分类，可分普通货运汽车和专用货运汽车。

普通货运汽车包括平板车、敞车、高栏板车、厢式货车。平板车就是挂车，没有底，也没有侧厢板，主要用于运输钢材和集装箱货物等。敞车就是顶部敞开的挂车，主要用于装载高低不等的货物。高栏板车的车厢的底架是凹陷的，或者车厢特别高。厢式货车是具有独立的封闭结构车厢或者是与驾驶室成一体的整体式的封闭结构的车厢。在物流领域，由于厢式货车结构简单、利用率高、适应性强，因此是应用前景较广泛的一种车型。厢式货车小巧灵便，无论大街小巷均可以行驶，可真正实现门到门的运输。

专用货运汽车包括自卸车、罐式汽车、冷藏保温汽车、集装箱运输车、汽车列车等。自卸车是本身装有由本身的发动机驱动的液压举升机构，能够将车厢卸下，或者是使车厢倾斜一定的角度，货物依靠自重可以自行卸下的专用汽车。自卸车具有较大的动力和较强的通过能力，是矿山和建筑工地上物流运输的一种理想的车种。罐式汽车是装有罐状的容器，并且通常带有工作泵，用于运输液体、气体或者粉状物质，以及完成特定的作业任务的专用汽车。冷藏保温汽车是装有冷冻或者保温设备的厢式货车，用来运输易腐或者对温度有特定要求的货物。集装箱运输车是专门用来运输集装箱的专用汽车。汽车列车是指一辆汽车，与一辆或一辆以上挂车的组合。汽车和牵引车是汽车列车的驱动车节，被称为主车。被主车牵引的从动车节，被称为挂车。

2）特种作业汽车

特种作业汽车是指在汽车上安装各种专用的设备，可以进行特种作业的汽车。我国特种作业汽车的具体分类及说明如表4-1-12所示。

表4-1-12　　　　　　　　　我国特种作业汽车的具体分类及说明

类型	说明
高等级公路专用车辆	为了有效地发挥高等级公路的功能和效益，在高等级公路专用车辆的发展上，主要是朝着大型化、专用化方向发展，比如集装箱运输车、大型罐式汽车、大型香水汽车、大型冷藏汽车等
城市建设专用车辆	供市政管理用的专用车辆，比如环境监测车、交通监理车、救护车、运钞车；供建筑用的专用车辆，比如散装水泥运输车、混凝土搅拌车、混凝土泵车；供环境保护用的专用车辆，比如洒水车、清扫车、垃圾车、吸污车等
农用运输汽车	农用运输汽车是指农村地区运输用或者农田作业用的汽车，一般结构比较简单，造价也比较低。其发动机的功率比较小，车速比较慢，最大装载质量比较小，轮胎的附着性能比较好，离地间隙比较高。农用运输汽车可以分为三轮农用运输汽车和四轮农用运输汽车两种
工矿自卸汽车	工矿自卸汽车是指主要用于矿区、工地运输矿石、沙石等散货的汽车。这种汽车的最大总质量和最大轴载质量一般都超过公路承载的规定，是不能在普通公路上行驶的，而且需要采用多桥驱动的形式
机场专用车辆	机场专用车辆主要包括大型飞机加油车、飞机牵引车、升降平台车、货物运输车、电源车、跑道清扫车、旅客运输车等
油田专用车辆	油田专用车辆主要是为了满足油田开发需要研制的车辆，主要包括油田布井车、压裂车、修井车、侧体车等

☀ 知识点2：我国铁路等级

我国铁路通常分为四级，具体如表4-1-13所示。

表4-1-13 我国铁路等级

类别	铁路在铁路网中的意义	近期年客货运量
Ⅰ级铁路	在铁路网中起骨干作用的铁路	大于或等于20Mt
Ⅱ级铁路	在铁路网中起联络、辅助作用的铁路	小于20Mt且大于或等于10Mt
Ⅲ级铁路	为某一地区或企业服务的铁路	小于10Mt且大于或等于5Mt
Ⅳ级铁路	为某一地区或企业服务的铁路	小于5Mt

☀ 知识点3：货船的类型

1.干散货船

干散货船（见图4-1-3）又称散装货船，是用以装载无包装的大宗货物的船舶。因为干散货船运输的货物品种单一，不需要包装成捆、成包、成箱，不怕挤压，便于装卸，所以干散货船都是单甲板船。

图4-1-3 干散货船

2.杂货船

杂货船（见图4-1-4）又称普通货船，主要用于装载一般包装、袋装、箱装和桶装的件杂货物。由于件杂货物的批量较小，杂货船的吨位也较小。典型的杂货船的载货量为10000～20000吨，一般为双层甲板，配备完善的起货设备。货舱和甲板分层较多，便于分隔货物。新型的杂货船一般为多用途型，既能运载普通件杂货物，也能运载散货、大件货、冷藏货和集装箱等。

图4-1-4 杂货船

3.冷藏船

大多数食品类货物（如肉、蛋、水果及蔬菜等），在常温条件下进行长时间的运输、保管中会发生腐败，失去食用价值。因此，冷藏运输作为一种有效的抑制货物腐败的手段，得到了极为广泛的应用。冷藏并运输肉、蛋、水果、蔬菜等货物的船舶，总称为冷藏船（见图4-1-5）。

图4-1-5 冷藏船

冷藏船最大的特点就是其货舱实际上就是一个大型冷藏库，可保持适合货物久藏的温度。

4. 木材船

木材船（见图4-1-6）是专门用来装载木材的船舶。这种船舱口大，舱内无梁柱及其他妨碍装卸的设备。船舱及甲板上均可装载木材。为防甲板上的木材被海浪冲出舱外，在船舷两侧一般设置不低于1m的舷墙。

图4-1-6　木材船

5. 原油船

原油船（见图4-1-7）是专门用于载运原油的船舶。由于原油运量巨大，原油船的载重量可达五十多万吨，是船舶中最大的。原油船设有加热设施，在低温时对原油加热，防止其凝固而影响装卸。超大型原油船的吃水可达25m，往往无法靠岸装卸，必须借助水底管道来装卸原油。

图4-1-7　原油船

6.成品油船

成品油船（见图4-1-8）是专门载运柴油、汽油等五油制品的船舶，其结构与原油船相似，但吨位较小，有很高的防火、防爆要求。

图4-1-8 成品油船

7.集装箱船

集装箱船（见图4-1-9）又称箱装船、货柜船或货箱船，是一种专门载运集装箱的船舶。集装箱船的货舱口宽而长，货舱的尺寸按载箱的要求规格化。其装卸效率高，大大缩短了停港时间。为获得更好的经济性，其航速一般高于其他载货船舶，最高可达30节（1节=1.852千米/小时）以上。

图4-1-9 集装箱船

集装箱船可分为部分集装箱船、全集装箱船和可变换集装箱船三种。

（1）部分集装箱船。仅以船的中央部位作为集装箱的专用舱位，其他舱位仍装普通杂货。

（2）全集装箱船。这指专门用以装运集装箱的船舶。它与一般杂货船不同，其货舱内有格栅式货架，装有垂直导轨，便于集装箱沿导轨放下，四角有格栅制约，可防倾倒。全集装箱船的舱内可堆放三至九层的集装箱，甲板上还可堆放三到四层。

（3）可变换集装箱船。其货舱内装载集装箱的结构为可拆装式的。因此，它既可装运集装箱，必要时也可装运普通杂货。

8.滚装船

滚装船（见图4-1-10）又称滚上滚下船。滚装船主要用来运送汽车和集装箱。这种船本身无须配置装卸设备，一般船侧或船的首、尾的开口斜坡可连接码头。装卸货物时，汽车或者集装箱（装在拖车上的）直接开进或开出船舱。这种船的优点是不依赖码头上的装卸设备，装卸速度快，可加速船舶周转。

图4-1-10　滚装船

💡 知识点4：航空运输的特点

1.运送速度快

运送速度快，在途时间短，降低货物在途风险，因此许多贵重物品、精密仪器往往采用航空运输。航空运输所提供的快速服务也使得供货商可以对市场瞬息万变的行情即刻做出反应，迅速推出适销产品占领市场，获得较好的经济效益。

2.不受地面条件影响，深入内陆地区

航空运输利用天空这一自然通道，不受地理条件的限制。对于地面条件恶劣、交通不便的地区非常合适。

3.安全且准确

与其他运输方式比，航空运输的安全性较高，货物的破损率较低。如果采用空运集装箱的方式运送货物，则更为安全。

4.节约包装费用、保险费用等

由于采用航空运输的方式，货物的在途时间短、周转速度快，企业存货可以相应减少。一方面有利于资金的回收，减少利息支出；另一方面企业的仓储费用也可以降低。又由于航空运输安全、准确，货损、货差少，保险费用较低，与其他运输方式相比，航空运输的包装简单，包装成本更低。

5.具有一定的局限性

航空运输的局限性主要表现在航空运输的费用较其他运输方式更高，不适合运输低价值货物；航空运载工具——飞机的舱容有限，对大件货物或大批量货物的运输有一定的限制；飞机飞行安全容易受恶劣气候的影响。

☼ 知识点5：管道运输设备的构成

管道运输设备由管道线路设备、管道站库设备和管道附属设备三部分组成。

1.管道线路设备

管道线路设备一般指输油（气）管线，即管道与线路合而为一。输油（气）管线由以下几部分组成。

（1）钢管。一般是指用焊接方式连接的无缝钢管，每根长12.5m。

（2）管道防腐保护设施。包括阴极保护站、阴极保护测试桩、阳极地床和杂散电流排流站。

（3）管道水工防护构筑物、抗震设施、管堤、管桥及管道专用涵洞和隧道。

（4）截断阀。在各站、穿（跨）越工程两端以及管道沿线，每隔一定距离都要设截断阀。

2.管道站库设备

管道站库设备主要指输油站。输油站是管道运输设备的重要组成设备，在管道运输过程中，通过输油站对被输送物资进行加压，克服运行过程中的摩擦阻力，使原油或其制品能通过管道由始发地运到目的地。输油站按其所在位置可以分为首输油站、中间输油站、终点基地。

首输油站多靠近矿场或工厂，收集沿输油管输送的原油及其制品，进行石油产品的接站、分类、计量和向下一站输油。首输油站需要配有较多油罐和油泵。如果是热油输送，还要配有加热设备。

中间输油站负责把前一站输来的油转往下一站。如果是热油输送，则应通过中间输油站加热，使油温大于环境温度。

终点基地收受、计量、储藏由输油管输来的油，并分配到各消费单位，或转交其他运输工具。

输油站设有一系列复杂的构筑物，其中与管道运输直接有关的主要设备有泵房、油池和阀房。泵房的作用是产生一定的压力，以便克服输油管输送时所产生的阻力，把石油输往下一站。应根据压力大小，在线路上每隔一定距离设置一个泵站。在矿场、炼油厂和各个输油站设有收油和发油的专用油池，利用输油管从发油企业收油，或从油池往外发油。阀房设有闸阀，用以控制输油过程。

3.管道附属设备

管道附属设备是指对主要设备起辅助作用的设备，如各种机械工具、量具、仪器等。

任务二 认识智能运输配送设备

学习情境

智能运输配送主要体现在运输路线和配送设备两个方面。在运输路线方面，人工智能可以通过路径优化算法、调度算法等不同算法，结合数据中心的实时数据进行最优路径的动态规划，使运输路线规划更加科学、合理。在配送设备方面，智能物流无人配送车、无人配送机等已经小范围投入使用。首先，配送设备会自动接收订单，仓库会根据订单内容进行配货，然后配送设备再根据已规划好的最优运输路径自动进行配送，从接收订单、配货到配送都可实现自动化。例如，顺丰的方舟无人配送机和京东的3.5代配送机器人等，现均已用于配送，其共同的特点是感知系统十分发达。

为顺应电子商务下智慧物流的发展趋势，极速物流有限公司规划引入智能运输配送设备和智能运输技术，仓库经理陆超安排小威收集智能运输配送设备和智能运输技术的前沿信息，以供在后续参考。

学习目标

知识目标	了解无人机的发展历程及主要应用
	掌握无人配送车的必备技术
技能目标	能够举例说明配送机器人的技术特点
	能够分析无人机配送的优缺点
	能够根据物流中心实际情况正确选择智能运输配送设备
素养目标	培养科教强国、交通强国的意识，提升对国家发展的责任感

任务书

完成任务单（见表4-2-1）中的任务。

表4-2-1　　　　　　　　　　　　任务单

专业班组		班长		日期	

任务：认识智能运输配送设备

检查意见：

签章：

任务分组

学生按要求自行分组并填写任务分配表（见表4-2-2）。

表4-2-2　　　　　　　　　　　　任务分配表

班级		组号		指导教师	
组长		学号			
组员	姓名			学号	
任务分工					

任务实施

引导问题1：查阅资料，浏览网页，举例说明配送机器人的技术特点。

_____

_____

_____

_____

_____

_____

_____

引导问题2：分组讨论无人机配送的优点和缺点，并完成表4-2-3。

表4-2-3　　　　　　　　　　无人机配送的优点和缺点

无人机配送的优点	无人机配送的缺点

小提示

　　无人机配送即通过利用无线电遥控设备和自备的程序控制装置，操纵无人驾驶的低空飞行器运载包裹，自动送达目的地。其优点主要在于解决偏远地区的配送问题，提高配送效率，同时减少人力成本；其缺点主要在于恶劣天气下无人机会送货无力，在飞行过程中，无法避免人为破坏等。

🔍 引导问题3：请举例说明除了配送机器人和无人机以外的其他智能运输配送设备。

_____

_____

_____

_____

_____

_____

🔲 评价反馈

各组代表展示作品，介绍任务的完成过程。作品展示前应准备阐述材料，并完成表4-2-4、表4-2-5、表4-2-6。

表4-2-4　　　　　　　　　　　学生自评表

序号	评价项目	学生自评
1	任务是否按时完成	
2	相关理论学习情况	
3	技能训练情况	
4	任务完成情况	
5	任务创新情况	
6	材料上交情况	
7	收获	

表4-2-5　　　　　　　　　　　学生互评表

序号	评价项目	小组互评
1	任务是否按时完成	
2	材料上交情况	
3	作品质量	
4	语言表达能力	
5	小组成员合作情况	
6	是否有创新点	

表4-2-6 教师评价表

序号	评价项目	教师评价
1	学习准备情况	
2	引导问题填写情况	
3	是否规范操作	
4	完成质量	
5	关键操作要领掌握情况	
6	完成速度	
7	是否进行5S管理	
8	参与讨论的主动性	
9	沟通协作情况	
10	展示汇报情况	

学习情境相关知识点

知识点1：无人机

1.无人机概述

无人机是一种机上无人驾驶，通过遥控或自主控制飞行、具有动力、能执行一定的任务、可重复使用的飞行器。

在物流领域应用的无人机具有智能化、信息化、无人化的特点，及成本低、效率高的优势，有效扩大了物流覆盖范围，有非常大的发展空间。在亚马逊提出使用无人机送货的概念后，顺丰、京东、阿里巴巴菜鸟、杭州迅蚁等企业纷纷布局无人机快递配送。

当前，无人机主要由飞机机壳、飞行控制系统、导航系统、供能/储能系统、通信数据系统等组成。

无人机按机身构造可分为固定翼无人机、旋转翼无人机、直升机、多旋翼无人机四种。具体分类及优、缺点如表4-2-7所示。随着技术的成熟，零配件的成本逐渐降低，航拍、电力巡检等应用场景逐渐被开发出来，以多旋翼无人机为主的小型民用无人机市场也成为热点。

表4-2-7 无人机的类型及优、缺点

类型	固定翼无人机	旋转翼无人机	直升机	多旋翼无人机
优点	续航能力强	综合了固定翼无人机和直升机的优势	可垂直起降； 高机动性； 较高的有效荷载	价格低廉； 易于推广； 重量较轻

（续表）

类型	固定翼无人机	旋转翼无人机	直升机	多旋翼无人机
缺点	水平起降需要较大的空间； 相比直升机机动性较差	技术复杂； 价格较贵	价格较贵； 需要相对较高的维护要求	有效荷载有限； 重量轻，抗风性较弱

无人机配送不仅能大幅降低配送成本，还可提高效率，非常适合在偏远地区派件。目前，包括亚马逊、顺丰在内的企业均在大量测试无人机配送。企业测试用的无人机主要为四旋翼无人机或八旋翼无人机，飞行高度在1千米以下，飞行半径在10千米左右，承重在10千克以内。

目前，亚马逊每单的配送成本平均为2～8美元，如果大幅度采用无人机送货，配送成本将降至约每件1美元。

顺丰作为国内民营快递巨头，也是最专注无人机配送的快递企业。目前，顺丰正在珠三角地区大量测试无人机配送，收集飞行数据，为将来调试系统的搭建提供数据支撑。据了解，顺丰无人机配送测试点航线包括山区，大型湖泊、水库，偏远乡村等。

京东推出了小型化物流无人机，主要用于"最后一公里"的配送。由操作人员利用无人机将消费者的产品从京东的仓库运送至消费者收件地点附近，完成操作。

2. 无人机配送的发展历程

2013年9月，顺丰自主研发的用于派送快件的无人机完成了内部测试，在局部地区试运行。这种无人机采用八旋翼，下设载物区，飞行高度约100米，内置导航系统，工作人员预先设置目的地和路线，无人机将自动到达目的地，误差在2米以内。

2013年12月，亚马逊表示在测试一个叫作"Prime Air"的无人机快递项目，通过使用八旋翼遥控无人机，实现鞋盒包装以下大小货物的配送，所有订单从发货开始，预计会在30分钟内送达1.6千米范围内的客户手中。与此同时，美国联合包裹运送服务公司也在试验类似的无人机设备。

2014年8月，谷歌公布了悄然实施了两年的"翼计划"送货无人机研发项目，表示希望在几年内推出小型无人机快递服务。谷歌送货无人机的原型机宽约1.5米，高约0.8米，有4个推进器，能从距地面约46米的高度向地面递送包裹。

2014年10月，DHL宣布将在德国实现无人机送货。该公司的四旋翼无人机可运载1.2千克的货物，飞行时间可达45分钟，时速最高可达65千米，但该无人机并非完全脱离人力，依然受到地面工作人员的控制。

2015年2月，淘宝联合圆通速递，在北京、上海、广州部分区域开展的无人机快递实验中，使用的螺旋桨驱动无人机为黑白机身，占地约0.25平方米。

2016年9月19日，国内初创公司迅蚁与中国邮政浙江安吉分公司联合开通了中国第一条无人机快递邮路，也就是"杭垓镇—七管村"无人机邮路，开通之后，由于不需要行走在蜿蜒曲折的公路上，无人机邮路缩短到了10千米，飞行时间约15分钟。

2019年4月23日，美国联邦航空管理局宣布，向谷歌母公司"字母表"旗下的无人机配送公司"翼航空"发放美国首个无人机配送许可。

2019年10月15日，中国民用航空局向杭州送吧物流科技有限公司颁发了《特定类无人机试运行批准函》和《无人机物流配送经营许可》。这就意味着无人机行业迈入了一个新的里程碑，因为这是《特定类无人机试运行管理规程(暂行)》和经营许可"放管服"新政发布以来，国内首个完成运行风险评估和验证工作的特定类无人机试运行项目，同时也是全球首个获得城市场景无人机物流试运行批准的项目。

小提示

2022年9月，中华人民共和国交通运输部发布了《无人机物流配送运行要求》行业标准（JT/T 1440—2022）。该标准于2022年12月13日实施。扫描右侧二维码，阅读《无人机物流配送运行要求》。

《无人机物流配送运行要求》

知识点2：无人配送车

无人配送的作业方式和优势在新冠肺炎疫情期间被公众更广泛地认知。新冠肺炎疫情期间，民众尽量不外出，避免人传人的风险，居民购买日常生活所需主要靠网购，无接触配送被广泛应用。新冠肺炎疫情期间，很多城市开始了无人配送服务以缓解人力不足的现象，多家电商、物流企业及自动驾驶企业纷纷将产品投入试点，用无人配送的方式为医院、小区等配送医疗及生活物资。例如，京东在武汉为武汉第九医院提供无人配送服务，协助运送生活物资和医疗用品；美团在北京市顺义区投放无人配送车，为居民提供送菜服务。整个过程由客户下单，配送调度系统会将订单指派给无人配送车，由其完成取货、送货、交接等动作，整个配送流程隔绝了人与人的接触。

无人配送车可以实现针对城市环境下办公楼、小区便利店等订单集中场所的批量送货，大幅提升了配送效率。

1.无人配送车必备技术

无人配送车必备技术包括智能感知和避让、智能路线规划、智能配送物品和实时报警。

（1）智能感知和避让。

由于无人配送车需要在无人化的情况下实现短途配送，因此这类机器人都必须具备智能感知和避让的能力。它们通常可以通过摄像头、距离传感器甚至雷达等模块，收集外界环境的信息，通过内置的智能算法对这些信息进行建模和加工，形成一个对外部世界的抽象理解，构建地图，并根据自身的运行轨迹进行实时规划和避让。

例如，京东无人配送车就配备了一个16线激光雷达、3个单线雷达和双目摄像头等，可以通过生成视差图等方式构建外部环境的三维模型，检测障碍物的大小和距离等，并对路线进行规划。阿里巴巴的菜鸟小G无人配送车可以通过深度学习算法，智能识别环境中的车辆和行人，并利用自适应粒子滤波算法对识别出的实体进行准确的轨迹预测，然后提前进行避让。

（2）智能路线规划。

作为短途自主配送机器人，路线规划自然是其必备技能。除了由操作人员预先设定路线，现在越来越多的机器人可以参照精准的卫星定位和地图测算，根据行驶过程中景物的变化，实时改变既定路线。

例如，阿里巴巴的菜鸟小G无人配送车就可以根据景物识别结果和地图定位情况，再依据内置算法变更已有线路。此外，菜鸟小G无人配送车还能根据目标配送点的分布情况，灵活调整配送顺序，以达到最高效的配送。而亚马逊的货架机器人则可以沿着仓库地板上的条码列队行走，不发生碰撞。

（3）智能配送物品和实时报警。

因为无人配送车是在无人化的情况下配送货物，所以一定要有智能配货的功能，以防乱拿、错拿。在发生货物被盗、自身故障的情况下，要能实时发出报警信号。

2.市面上的无人配送车

目前市面上的无人配送车主要有菜鸟小G无人配送车和京东无人配送车。

（1）菜鸟小G无人配送车。

在快递开始配送前，用户可以事先向菜鸟小G无人配送车（见图4-2-1）预约配送的时间、地点与物品，菜鸟小G无人配送车会协同工作，自动进行包裹的分配和运行路径的规划。通过内建的导航系统，它能在无人干预情况下实现自主定位导航。此外，菜鸟小G无人配送车还具备多种智能功能，例如自动乘坐电梯，识别行人、车辆等动态障碍物，预判其运行轨迹并进行动态避障，自动实时监控正在运送的包裹，在包裹被盗时进行报警，在包裹被误取时进行提醒。

菜鸟小G无人配送车采用电动驱动的方式，单次投递费用与人工相比几乎可以忽略不计，同时保证对环境的零污染。菜鸟小G无人配送车的运行速度平均为1米/秒左右，配合智能路由调度算法，具备较高的运行效率。与无人机投递的方式相比，菜鸟小G无人配送车还具备载重量大、续航里程高、安全可靠等优势。

图4-2-1　菜鸟小G无人配送车

（2）京东无人配送车。

2022年6月19日，京东无人配送车（见图4-2-2）在北京市顺义区北小营镇正式投入运营。北小营镇依托智能网联汽车"五大基础设施平台"建设，不断强化提升产业布局，着力打造智能网联汽车全产业链，推进智能无人配送落地应用，实现城市物流设施及"最后一公里"配送的模式创新。京东无人配送车搭载多个传感器和激光雷达，能够通过生成视差图等方式构建三维环境，检测障碍物大小和距离，控制避障，是个"安全第一"的行驶标兵。通过深度学习算法，可以敏锐地识别交通标志和车道线，以同步定位与建图技术，实现自主定位与地图创建。

图4-2-2　京东无人配送车

☀ **知识点3：智能快递柜**

智能快递柜（见图4-2-3）是一个基于物联网的，能够对快件进行识别、暂存、监控和管理的设备。在末端配送环节，智能快递柜实现了与消费者线上与线下的对接，所以在移动互联网、大数据、云计算等快速发展的今天，智能快递柜在解决快递"最后一公里"困境的同时，被赋予了无限的想象空间。

图4-2-3　智能快递柜

1. 丰巢八面体快递柜

丰巢八面体快递柜（见图4-2-4）改变了传统的快递柜形式，内部采用智能储存技术，可容纳超600个快递。丰巢八面体快递柜直径约2.5米，高4.2米，采用了八面体立体视觉设计，柜机外壁设置超炫互动屏，增强用户交互体验，提供更多元化智能服务。

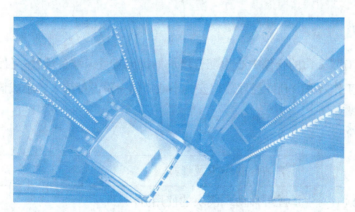

图4-2-4　丰巢八面体快递柜

丰巢八面体快递柜采用类似"立体停车库"的储存方式，内部储存空间精确匹配每一个快递的大小，单个储存单元能够上下调节的最小距离为2厘米，储存的位置与快递高度相匹配。柜机将自动识别当前储存状态，并即时进行整理，确保快递入柜后能高效运转、节省运作时间。

丰巢八面体快递柜解决了快递柜的隔口不够用、储量小的核心问题，同时，具备人脸识别取件的功能。刷脸取件系统能够防止盗领用户快递、用户信息泄露等安全问题的发生，提高了用户的取件效率，更降低了快递的丢失率。

2.菜鸟驿站智能快递柜

2019年3月13日，菜鸟网络科技有限公司宣布，菜鸟驿站智能快递柜已全部开通刷脸取件功能，国内全面进入"刷脸取件"时代。菜鸟驿站智能快递柜是菜鸟驿站最后100米包裹服务的组成之一，覆盖了全国大中城市，作为上门服务的补充，为消费者提供多元可选的取快递服务。

菜鸟驿站智能快递柜是菜鸟网络科技有限公司推进物联网战略的成果之一。菜鸟驿站智能快递柜融物联网、人脸识别技术于一体，既实现了取件的智能化，也实现了柜子管理的智能化。

除刷脸取件外，菜鸟驿站智能快递柜还在业内率先把选择权还给用户，用户可以采用通过智能快递柜、客服或者菜鸟驿站官方号等方式进行自主设置，如果不同意将快递存放柜子，快递员将无法打开柜门。通过未经许可无法投柜、免费保管、丢失包赔等服务，在最后100米，菜鸟驿站已树立快递服务领先标准。

任务三　认识运输配送辅助设备

学习情境

极速物流有限公司的仓储中心为配合增加的进出货量，准备添置一批运输配送辅助设备，以提高工作效率。仓库经理陆超安排小威提供一份设备清单，小威该怎么做呢？

学习目标

知识目标	了解站台的作用及形式
	掌握可移动式楔块的使用方法
	掌握升降平台的作用
技能目标	能够分析站台的主要形式及特点
	能够根据物流中心实际情况正确选择运输配送辅助设备
素养目标	认同科技是第一生产力，科技创新是推动社会进步的重要动力

📋 任务书

完成任务单（见表4-3-1）中的任务。

表4-3-1　　　　　　　　　　　　　　　　任务单

专业班组		班长		日期	

任务：认识运输配送辅助设备

检查意见：

签章：

👥 任务分组

学生按要求自行分组并填写任务分配表（见表4-3-2）。

表4-3-2　　　　　　　　　　　　　任务分配表

班级		组号		指导教师	
组长		学号			
组员	姓名			学号	
任务分工					

 **任务实施**

引导问题1：查阅资料，浏览网页，了解站台相关内容。

（1）站台是进出库货物暂存、_____、_____的场所。

（2）站台的主要形式及特点如表4-3-3所示。

表4-3-3 站台的主要形式及特点

形式	特点
高站台	
低站台	

小提示

适合不同车辆的站台高度如表4-3-4所示。

表4-3-4 适合不同车辆的站台高度

车型	站台高度（m）	车型	站台高度（m）
平板车	1.32	冷藏车	1.32
长途挂车	1.22	作业拖车	0.91
市区卡车	1.17	载重车	1.17
国际标准集装箱拖车	1.40		

引导问题2：了解可移动式楔块。

装卸货品时，可移动式楔块（见图4-3-1）放置于_____固定，以避免装卸货期间车轮意外滚动造成的危险。

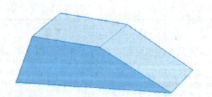

图4-3-1 可移动式楔块

🔍 **引导问题3：查阅资料，浏览网页，了解升降平台相关内容。**

（1）升降平台是指利用_____实现_____的一种多功能起重装卸机械设备。

（2）升降平台按形式可分为_____、_____。

（3）升降平台多用于_____，以提高或降低车子后轮，使得车底板高度与月台高度一致，从而方便装卸货。

小提示

升降平台（见图4-3-2）是一种垂直运送人或物的起重机械，也指在工厂、自动仓库等物流系统中进行垂直输送的设备。升降平台上往往还装有各种平面输送设备，作为不同高度输送线的连接装置，一般采用液压驱动，故也称液压升降平台。除作为不同高度的货物输送设备外，还广泛应用于高空的安装、维修等作业。升降平台因自由升降的特点，已经广泛应用于市政维修，码头、物流中心的货物运输，建筑装潢等领域。如果再安装上汽车底盘、电瓶车底盘等，升降平台就能自由移动，工作空间也有所改变。升降平台具有重量轻、自行走、电启动、自支腿、操作简单、作业面大，能跨越障碍进行高空作业，360°自由旋转等优点。

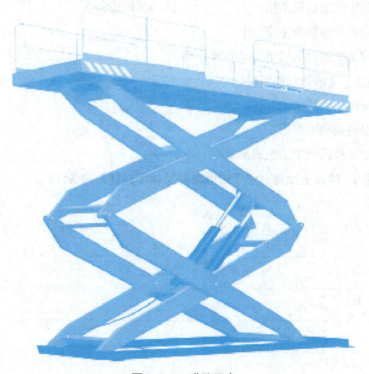

图4-3-2 升降平台

引导问题4：查阅资料，浏览网页，了解伸缩带式输送机（见图4-3-3）相关内容。

图4-3-3　伸缩带式输送机

（1）伸缩带式输送机是指＿＿＿＿＿＿＿的输送机设备。

（2）伸缩带式输送机主要用于＿＿＿＿＿＿＿＿＿＿＿。

（3）伸缩带式输送机的主要组成部分有＿＿＿＿＿＿＿＿＿＿＿。

引导问题5：了解伸缩链板机。

（1）伸缩链板机是指＿＿＿＿＿＿＿＿＿＿＿＿。

（2）伸缩链板机主要用于＿＿＿＿＿＿＿＿＿＿＿。

（3）伸缩链板机的主要组成部分有＿＿＿＿＿＿＿＿＿＿＿。

引导问题6：除以上设备，你还知道哪些运输配送辅助设备？

_____

_____

_____

_____

_____

_____

评价反馈

各组代表展示作品，介绍任务的完成过程。作品展示前应准备阐述材料，并完成表4-3-5、表4-3-6、表4-3-7。

表4-3-5　　　　　　　　　　学生自评表

序号	评价项目	学生自评
1	任务是否按时完成	
2	相关理论学习情况	
3	技能训练情况	
4	任务完成情况	
5	任务创新情况	
6	材料上交情况	
7	收获	

表4-3-6　　　　　　　　　　学生互评表

序号	评价项目	小组互评
1	任务是否按时完成	
2	材料上交情况	
3	作品质量	
4	语言表达能力	
5	小组成员合作情况	
6	是否有创新点	

表4-3-7　　　　　　　　　　教师评价表

序号	评价项目	教师评价
1	学习准备情况	
2	引导问题填写情况	
3	是否规范操作	
4	完成质量	
5	关键操作要领掌握情况	
6	完成速度	

（续表）

序号	评价项目	教师评价
7	是否进行5S管理	
8	参与讨论的主动性	
9	沟通协作情况	
10	展示汇报情况	

学习情境相关知识点

知识点1：码头升降平台

码头升降平台主要用来调整码头平台高度，配合配送车车底板的高度。码头升降平台结构如图4-3-4所示。码头升降平台实例如图4-3-5所示。

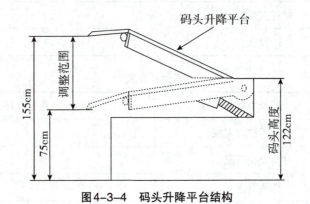

图4-3-4 码头升降平台结构

图4-3-5 码头升降平台实例

知识点2：车尾附升降台

车尾附升降台（见图4-3-6）是装置于配送车尾部的特殊平台。当装卸货时，可用此升降台将货物装上卡车或卸至月台。车尾附升降台可延伸至月台，也可倾斜放至地面，适用于无月台设施的物流中心或零售点。

图4-3-6　车尾附升降台

任务四　安全使用运输配送设备

学习情境

为保障运输配送设备的安全使用，企业应该制定系统的运输配送设备安全操作规程。小威将协助仓库经理陆超为极速物流有限公司的仓储中心制定运输配送设备安全操作规程。

学习目标

知识目标	掌握车辆日常维护规范
	掌握运输配送设备驾驶员准入控制要求
技能目标	能够安全使用运输配送设备
素养目标	坚守安全底线，明确安全与效率并重

任务书

完成任务单（见表4-4-1）中的任务。

表4-4-1 任务单

专业班组		班长		日期	

任务：安全使用运输配送设备

检查意见：

签章：

任务分组

学生按要求自行分组并填写任务分配表（见表4-4-2）。

表4-4-2 任务分配表

班级		组号		指导教师	
组长		学号			
	姓名			学号	
组员					
任务分工					

📑 任务实施

🔍 引导问题1：查阅资料，浏览网页，总结归纳车辆日常维护规范。

_____

_____

_____

_____

_____

🔧 扫一扫

扫描右侧二维码，查看车辆日常维护的视频。

车辆日常维护

🔍 引导问题2：如何加强运输配送设备驾驶员准入控制？

_____

_____

_____

_____

_____

✍ 小提示

《关于进一步加强客货运驾驶人安全管理工作的意见》的相关消息

对于第三方物流公司而言，一般均拥有一定数量的载货汽车，而大型货车超速、超载是引发重大交通安全事故的关键因素，扫描右侧二维码，查看公安部、交通运输部联合印发《关于进一步加强客货运驾驶人安全管理工作的意见》的相关消息。

🔍 **引导问题3：分组讨论如何做好公路运输安全教育培训。**

_____

_____

_____

_____

_____

_____

_____

_____

_____

🔍 **引导问题4：判断以下对于运输配送设备的操作是否正确。（对√，错×）**

（1）车辆"一日三检"，当班驾驶员应认真按车辆"一日三检"的要求做好出车前、行车中、收车后的安全检查工作。（　　）

（2）发现车辆异常应及时在安全地带停边检查，严禁病车继续营运。（　　）

（3）车辆维护除二级维护外，以检查、调整为主。（　　）

（4）按行业部门的要求收集、整理好车辆技术档案和维修档案，及时填写二级维修记录和大修记录。（　　）

（5）按要求安装基于全球卫星定位系统的定位仪器和ABC干粉灭火器。（　　）

📋 评价反馈

各组代表展示作品，介绍任务的完成过程。作品展示前应准备阐述材料，并完成表4-4-3、表4-4-4、表4-4-5。

表4-4-3　　　　　　　　　　　学生自评表

序号	评价项目	学生自评
1	任务是否按时完成	
2	相关理论学习情况	
3	技能训练情况	
4	任务完成情况	

（续表）

序号	评价项目	学生自评
5	任务创新情况	
6	材料上交情况	
7	收获	

表4-4-4　　　　　　　　　　　　　学生互评表

序号	评价项目	小组互评
1	任务是否按时完成	
2	材料上交情况	
3	作品质量	
4	语言表达能力	
5	小组成员合作情况	
6	是否有创新点	

表4-4-5　　　　　　　　　　　　　教师评价表

序号	评价项目	教师评价
1	学习准备情况	
2	引导问题填写情况	
3	是否规范操作	
4	完成质量	
5	关键操作要领掌握情况	
6	完成速度	
7	是否进行5S管理	
8	参与讨论的主动性	
9	沟通协作情况	
10	展示汇报情况	

学习情境相关知识点

知识点1：运输配送设备驾驶员准入控制

大型货车超速、超载是引发重大交通安全事故的关键因素，在这些重大事故中，不仅人员伤亡惨重，大量运输配送设备也遭到破坏。国内外的调查资料表明，由驾驶

员直接责任造成的交通事故占事故总数的70%~90%。因此，加强对驾驶员的准入控制是我们安全管理工作的重中之重。

1. 把好准入关

认真科学地做好驾驶员的聘用工作，对新聘用驾驶员要认真把好准入关，按驾驶员管理制度的要求逐一落实，确保聘用的驾驶员符合要求。

2. 加强职业道德教育

加强驾驶员的职业道德教育、消除驾驶员的各种不良行为是保证安全行车的必要条件。企业应采取各种方式来努力提高驾驶员的事业心和责任感。驾驶员应树立良好的职业道德观念，做到谨慎驾驶、安全行车，以对自己、对家人、对社会负责的态度来安全驾驶，确保自己和他人的生命财产安全不受伤害。

知识点2：做好运输配送设备的保养

1. 做好车辆"一日三检"

首先要保证营运的车辆状况良好，并按要求进行二级维护保养。督促驾驶员认真做好车辆"一日三检"，教育驾驶员在行车过程中要用眼看是否有螺丝松动和异常情况，用耳听是否有异常声音，用鼻闻是否有焦臭味，用手感觉转向系统是否正常，用脚感觉刹车系统、离合系统、加速系统是否正常，如发现异常，应及时在安全地带靠边停车检查，严禁病车继续营运。

2. 车辆维护的分类

根据《道路运输车辆技术管理规定》的规定，车辆维护分为日常维护、一级维护和二级维护。

3. 车辆维护的主要内容

车辆维护除一级维护外，以检查、调整为主，对车辆转向系统、传动系统、制动系统及易磨损或者易变形的安全部件进行拆检，对轮胎进行拆检换位。

4. "一日三检"的要求

当班驾驶员应认真按车辆"一日三检"的要求做好出车前、行车中、收车后的安全检查工作，并填写检查及维修记录，严禁只填记录，不检车的情况发生。

5. 车辆档案管理

按行业部门的要求收集、整理好车辆技术档案和维修档案，及时填写二级维修记录和大修记录。

6. 车辆安全设施设备

按要求安装基于全球卫星定位系统的定位仪器和ABC干粉灭火器，以及三角木、消防锤、故障停车应急警示标志牌。行驶在冰雪、泥泞等易滑路面时，应配备防滑链、沙、铲。

💬 **思政点拨**

车联网产业：助力打造制造强国、网络强国、交通强国

车联网产业是汽车、电子、信息、交通、定位导航、网络通信、互联网应用等领域深度融合的新型产业，是全球创新热点和未来发展的制高点。我国高度重视车联网产业的发展，《中国制造2025》将智能网联汽车与节能汽车、新能源汽车并列作为我国汽车产业发展的重要战略方向。大力发展车联网是深化供给侧结构性改革，推动新旧动能持续转换，建设制造强国、网络强国、交通强国的重要支撑，是培育经济发展新动能的重要引擎。

从技术层面看，随着人工智能、信息通信、定位导航、大数据、云计算等技术在汽车领域的广泛应用，汽车正由人工机械操作加速向电子信息系统控制转变，这正是技术发展的必然趋势，也是人民群众日益增长的对美好生活的向往。

从产业层面看，随着"互联网+"行动计划深入实施，传统汽车产业顺应融合大势，加速与信息通信、智能交通等跨界合作的全面展开，汽车产业链面临重构，价值链不断延伸拓展，产业发展呈现智能化、平台化、网络化特征。

从应用层面看，随着信息技术的牵引，汽车的功能和使用方式发生深刻变化，汽车不再是单纯的交通工具，逐渐具有智能移动空间、移动家居、娱乐休闲等功能，不断加快共享出行、共享货运等的发展，推动社会生产、生活出现新的模式。

发展车联网产业对于建设制造强国、网络强国、交通强国具有重要意义，是国家战略的重要组成部分。

项目五　智慧物流信息系统的选用

任务一　认识常规物流信息技术

🏪 学习情境

极速物流有限公司的仓储中心具有先进的物流信息管理系统，仓库运用条码技术及手持终端系统将货品记录在系统中，使系统信息可以及时更新。北京欧乐公司要往极速物流有限公司的仓储中心存入一批电机作为该公司在当地的储备库存，仓库经理陆超安排小威选用仓库的物流信息采集设备对仓库货品进行信息的采集。

🎯 学习目标

知识目标	理解条码技术的分类及原理
	理解射频识别技术的原理
技能目标	会使用条码设备进行条码生成、检测和识读操作
	能根据实际情况选用合适的物流信息采集设备
素养目标	具备前瞻性和科技创新意识

📄 任务书

完成任务单（见表5-1-1）中的任务。

表5-1-1　　　　　　　　　　　　　　　任务单

专业班组		班长		日期	

任务：认识常规物流信息技术

（续表）

检查意见：

签章：

👥 任务分组

学生按要求自行分组并填写任务分配表（见表5-1-2）。

表5-1-2　　　　　　　　　　　　　　　任务分配表

班级		组号		指导教师	
组长		学号			
组员	姓名			学号	
任务分工					

🔍 任务实施

🔍 引导问题1：分组讨论条码的定义。

小提示

条码（Bar Code）是由一组规则排列的条、空组成的符号，可供机器识读，用以表示一定的信息。常见的条码是由反射率相差很大的黑条（简称条）和白条（简称空）排成的平行线图案。

🔍 引导问题2：查阅资料，浏览网页，了解条码的结构并在图5-1-1中标出。

左空白区 ←   → 右空白区

6 901234 567892 ← 供人识别字符

图5-1-1　条码的结构

小提示

不论是采取何种规则印制的条码，都包括空白区、起始符、数据符与终止符。有些条码在数据符与终止符之间还有校验符。

1.空白区

空白区分为左空白区和右空白区。左空白区是让扫描设备做好扫描准备的标记，右空白区是保证扫描设备正确识别条码的结束标记。

2.起始符

起始符是指第一位字符，具有特殊结构，当扫描设备读取到该字符时，便开始正式读取代码了。

3.数据符

数据符是条码的主要内容。

4.校验符

校验符的目的是检验读取到的数据是否正确。不同编码规则可能会有不同的校验规则。

5.终止符

终止符一般指最后一位字符，具有特殊结构，用于告知代码扫描完毕，同时还起到校验计算的作用。

🔍 引导问题3：查阅资料，浏览网页，了解二维条码的类型及结构、特点，并完成表5-1-3。

表5-1-3　二维条码的类型及结构、特点

类型	图例	结构、特点
行排式二维条码		
矩阵式二维条码		

🔍 引导问题4：仔细查看图5-1-2，结合收集的资料，归纳条码识读的原理。

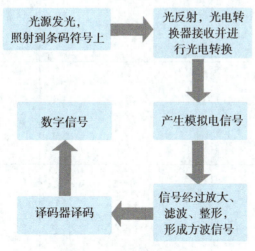

图5-1-2　条码识读的原理

条码识读的原理为:

_____

_____

_____

_____

🔍 引导问题5:查阅资料,浏览网页,分组讨论常用的条码识读设备的类型与特点,并完成表5-1-4。

表5-1-4　　　　　　　　　常用的条码识读设备的类型与特点

类型	图例	特点
激光条码扫描枪		
CCD扫描器		
光笔		
卡槽式扫描器		
全向扫描平台		

小提示

选择条码识读设备应考虑以下因素。

1. 适用范围

条码识读设备最好选择可应用在不同的场合，且与大量条码相匹配的类型。

2. 译码范围

译码是编码的逆过程，是指把一些二进制代码所代表的特定含义"翻译"出来的过程。译码范围广的条码识读设备识别率和准确率都比较高。

3. 接口要求

选用条码识读设备要考虑它的接口能力，通用条码识读设备的接口方式有串行通信和键盘仿真两种。

4. 首读率

首读率是条码识读设备的一个综合性指标，它与条码符号印刷质量、译码器的设计和光电扫描器的性能均有关系。首读率高的条码识读设备，工作效率和准确率也较高。

5. 工作空间

要根据实际的工作空间和工作环境，选择适配的条码识读设备。

6. 条码识读设备的性价比

由于品牌不同，功能不同，条码识读设备的价格差异较大。因此，在选择条码识读设备时，一定要注意产品的性价比，选择性价比高的条码识读设备。

🔍 引导问题6：什么是无线射频识别技术？

_____

_____

_____

_____

小提示

射频识别（Radio Frequency Identification，RFID）技术，又称无线射频识别技术，是一种非接触式的自动识别技术，可利用射频信号及空间耦合和传输特性实现对静止或移动物体的自动识别及数据交换，无须在识别系统与特定目标之间建立机械或光学接触。

引导问题7：查阅资料，浏览网页，归纳电子标签的分类和特点。

_____

_____

_____

_____

小提示

　　电子标签又称射频标签、应答器、数据载体。电子标签具体可分为低频电子标签、高频电子标签、超高频电子标签、双频电子标签、微波电子标签、有源电子标签、无源电子标签、半有源电子标签、集成电路固化式电子标签、现场有线改写式电子标签和现场无线改写式电子标签等。

引导问题8：你还知道哪些物流信息采集技术？

_____

_____

_____

引导问题9：查阅资料，浏览网页，归纳常用的物流信息采集设备，并完成表5-1-5。

表5-1-5　　　　　　　　　　常用的物流信息采集设备

设备	图片	功能
条码扫描器		

（续表）

设备	图片	功能
手持终端设备		
POS终端设备		
GPS终端设备		

评价反馈

　　各组代表展示作品，介绍任务的完成过程。作品展示前应准备阐述材料，并完成表5-1-6、表5-1-7、表5-1-8。

表5-1-6　　　　　　　　　　　　学生自评表

序号	评价项目	学生自评
1	任务是否按时完成	
2	相关理论学习情况	
3	技能训练情况	
4	任务完成情况	

（续表）

序号	评价项目	学生自评
5	任务创新情况	
6	材料上交情况	
7	收获	

表5-1-7　　　　　　　　　学生互评表

序号	评价项目	小组互评
1	任务是否按时完成	
2	材料上交情况	
3	作品质量	
4	语言表达能力	
5	小组成员合作情况	
6	是否有创新点	

表5-1-8　　　　　　　　　教师评价表

序号	评价项目	教师评价
1	学习准备情况	
2	引导问题填写情况	
3	是否规范操作	
4	完成质量	
5	关键操作要领掌握情况	
6	完成速度	
7	是否进行5S管理	
8	参与讨论的主动性	
9	沟通协作情况	
10	展示汇报情况	

 学习情境相关知识点

💡 **知识点1：行排式二维条码**

1.定义

行排式二维条码的编码原理是建立在一维条码基础之上的，行排式二维条码按需要可堆积成两行或多行。有代表性的行排式二维条码有 Code 16K 码、Code 49 码、PDF417 码等。

2.结构

每一个 PDF417 码是由 3 ~ 90 横列堆叠而成，为了扫描方便，其四周皆有静空区。静空区分为水平静空区与垂直静空区，至少应为 0.02 英寸。其中每一层都包括下列七个部分（见图 5-1-3）。

图 5-1-3　PDF417 码的符号结构

（1）左空白区：指条码起始符外侧与空的反射率相同的限定区域。

（2）起始符：指条码符号的第一位字符，标志一个条码符号的开始。

（3）左层指示符码词：位于起始符的后面，为指示符号字元。

（4）数据符：指真正用于存储用户数据的区域，可容纳 1 ~ 30 个资料字元。

（5）右层指示符码词：位于数据符的后面，为指示符号字元。

（6）终止符：指条码符号的最后一位字符，标志一个条码符号的结束。

（7）右空白区：指条码终止符外侧与空的反射率相同的限定区域。

3.应用

（1）证件管理。由于可以把照片或指纹编在行排式二维条码中，有效地解决了证件的机读及防伪等问题，因此可广泛地应用在护照、身份证、驾驶证、行车证、军人证、健康证等任何需要唯一识别个人身份的证件上。

（2）执照年检。行车证、驾驶证的年检，各种工商营业执照、税务登记证、卫生检疫证、企事业代码证、统计登记证等政府部门登记证件的年检，可以通过行排式二维条码解决年检登记的计算机录入问题，这可以节省工作人员的操作时间，保证信息的准确性，提高办事效率。

（3）报表管理。海关报关单、税务报表、保险登记表等任何需重复录入或禁止伪造、删改的表格，都可以将表中填写的信息编在 PDF417 码中。

（4）机电产品的生产和组配线。如汽车总装线、电子产品总装线，皆可通过行排式二维条码实现数据的自动交换。

（5）银行票据管理、货物的运输和邮递。如可以把银行支票的信息加密成行排式二维条码印制在票据一定的位置来对票据进行防伪。另外，在货物运输和邮递时使用行排式二维条码，可实现货物运输的全过程跟踪，从而实现物流管理和信息流管理的完美结合。

💡 知识点2：矩阵式二维条码

矩阵式二维条码又称棋盘式二维条码，它是在一个矩形空间内通过黑、白像素在矩阵中的不同分布进行编码。在矩阵相应元素位置上，用点（方点、圆点或其他形状）的出现表示二进制"1"、点的不出现表示二进制"0"，点的排列组合确定了矩阵式二维条码所代表的意义。矩阵式二维条码是建立在计算机图像处理技术、组合编码原理等基础上的一种新型图形符号自动识读处理码制。具有代表性的矩阵式二维条码有QR Code码、Data Matrix码、汉信码等。

以QR Code码的符号结构为例。QR Code码的符号共有40种规格。QR Code码的模式特征区域包括三个位置探测图形、两条定位图形以及若干个校正图形，剩下的模块构成QR Code码的数据符号区域，具体如图5-1-4所示。

定位图形　　位置探测图形　　校正图形

图5-1-4　QR Code码的符号结构

💡 知识点3：无线射频识别系统

无线射频识别系统（见图5-1-5）是由电子标签、阅读器、标签内置天线三部分组成。电子标签由耦合元件及芯片组成，每个电子标签具有唯一的电子编码，高容量电子标签有用户可写入的存储空间，附着在物体上标识目标对象；阅读器是读取（有时还可以写入）电子标签信息的设备，可设计为手持式或固定式；标签内置天线在电子标签和阅读器间传递射频信号。

无线射频识别系统的工作原理并不复杂，具体如图5-1-6所示。电子标签进入磁场后，接收阅读器发出的射频信号，凭借感应电流所获得的能量发送出存储在芯片中的产品信息（Passive Tag，无源标签或被动标签），或者主动发送某一频率的信号（Active Tag，有源标签或主动标签）；阅读器读取信息并解码后，送至中央信息系统进行有关数据的处理。

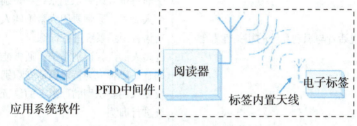

图5-1-5　无线射频识别系统

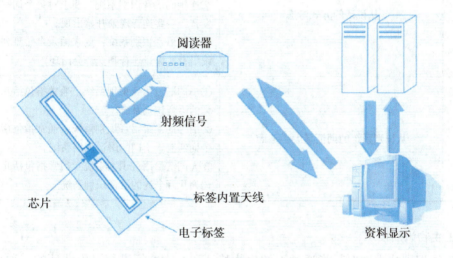

图5-1-6　无线射频识别系统的工作原理

☼ 知识点4：其他物流信息采集技术

1.语音识别技术

语音识别技术也被称为自动语音识别，其目标是将人类语音中的词汇内容转换为计算机可读的形式，例如按键、二进制编码或者字符序列。

语音识别技术可应用于语音拨号、语音导航、室内设备控制、语音文档检索、简单的听写数据录入等。语音识别技术与其他自然语言处理技术（机器翻译技术及语音合成技术）相结合，可以构建出更加复杂的应用，例如语音到语音的翻译。

语音识别技术涉及信号处理、模式识别、发声机理、听觉机理、人工智能等。

语音识别系统可以根据对输入语音的限制加以分类，具体分类如表5-1-9所示。

表5-1-9   语音识别系统分类

序号	分类标准	分类
1	从说话者与识别系统的相关性考虑	①特定人语音识别系统：仅考虑对专人的语音进行识别。 ②非特定人语音识别系统：识别的语音与具体个人无关，通常要用大量不同人的语音数据库对语音识别系统进行训练。 ③多人的语音识别系统：通常能识别一组人的语音，或者成为特定组语音识别系统，该系统仅要求用要识别的那组人的语音对语音识别系统进行训练
2	从说话的方式考虑	①孤立词语音识别系统：要求输入每个词后要停顿。 ②连接词语音识别系统：要求对每个词都清楚发音，一些连音现象开始出现。 ③连续语音识别系统：要求输入自然流利的连续语音，大量连音和变音会出现
3	从识别系统的词汇量大小考虑	①小词汇量语音识别系统：通常指包括几十个词的语音识别系统。 ②中等词汇量语音识别系统：通常指包括几百个词到上千个词的语音识别系统。 ③大词汇量语音识别系统：通常指包括几千个词到几万个词的语音识别系统

2.生物识别技术

生物识别技术主要是指通过人类生物特征和行为特征进行身份认证的一种技术。人类的生物特征和行为特征通常具有唯一性，可测量性，可自动识别、验证，遗传性等特点，因此生物识别技术较传统认证技术存在较大的优势。

生物识别系统对生物特征和行为特征进行取样，提取其唯一的特征并且转化成数字代码，并进一步将这些代码组成特征模板。由于微处理器及各种电子元器件成本不断下降，精度逐渐提高，生物识别系统逐渐应用于商业授权控制的领域，如门禁、企业考勤管理系统等。用于生物识别的生物特征有手形、指纹、脸形、虹膜、脉搏、耳廓等；行为特征有签名、声音、按键力度等。基于这些特征，已经发展了手形识别、指纹识别、面部识别、发音识别、虹膜识别、签名识别等多种生物识别技术，但其中一部分技术含量高的生物识别手段还处于实验阶段。

3.图像识别技术

图像识别技术，是指利用计算机对图像进行处理、分析和理解，以识别各种不同模式的目标和对象的技术，并对质量不佳的图像进行一系列的增强与重建，从而有效改善图像质量。

图像识别技术的发展经历了三个阶段：文字识别、数字图像处理与识别、物体识别。

图像识别技术的过程分以下几步：信息的获取、预处理、特征抽取和选择、分类器设计及分类决策。

（1）信息的获取是指通过传感器，将光或声音等信息转化为电信息，也就是获取研究对象的基本信息，并通过某种方法将其转换为机器能够认识的信息。

（2）预处理主要是指图像处理中的去噪、平滑、变换等操作，这些操作可加强图像的重要特征。

（3）特征抽取和选择是指在模式识别中，需要进行特征的抽取和选择。简单的理解就是我们所研究的图像是各式各样的，如果要利用某种方法将它们区分开，就要通过这些图像所具有的特征来识别，而获取这些特征的过程就是特征抽取。

特征抽取所得到的特征也许对此次识别并不都是有用的，这个时候就要提取有用的特征，这就是特征选择。特征抽取和选择在图像识别过程中是非常关键的技术之一，所以这一步是图像识别的重点。

（4）分类器设计是指通过训练而得到一种识别规则，通过此识别规则可以得到一种特征分类，使图像识别技术能够得到高识别率。

（5）分类决策是指在特征空间中对被识别对象进行分类，从而更好地识别所研究的对象具体属于哪一类。

图像识别技术涵盖图像匹配、图像分类、图像检索、人脸检测、行人检测等技术，在互联网搜索引擎、自动驾驶、医学分析、遥感分析等领域具有广泛的应用价值。

4.地理信息系统

地理信息系统是用于输入、存储、查询、分析和显示地理数据的计算机系统。地理信息系统具有开放性、先进性、发展性等特点，处于开放式环境并且具有很强的可扩充性和可连接性。地理信息系统已在许多领域得到应用。从应用方面看，地理信息系统已在资源开发、环境保护、城市规划建设、土地管理、农作物调查与结产、通信、地图测绘、房地产开发、自然灾害的监测与评估、犯罪分析、运输与导航、公共汽车调度等方面得到了具体应用。

任务二　认识智能交通系统

学习情境

　　随着经济的迅猛发展，现有机动车和驾驶员数量迅速增加，但城市道路信息化管理的建设速度相对滞后，造成了现有的交通管理模式与急剧增长的交通需求不相适应，给物流企业带来了严峻的挑战。交通道路拥挤、停车次数增加、交通事故率上升等问题给企业造成巨大经济损失。为此，极速物流有限公司计划与行业内其他标杆企业联手，利用现有公共信息平台和资源，整合行业已有资源，实现行业资源共享，发挥物流行业的整体优势，从根本上解决物流行业分散运作的现状。

学习目标

知识目标	理解智能交通系统的建设目标
	掌握智能交通系统的整体架构
技能目标	能准确描述智能交通系统主要子系统的应用功能
	能阐述北斗卫星导航系统的基本组成和应用设计
素养目标	树立民族自豪感和民族自信心

任务书

　　完成任务单（见表5-2-1）中的任务。

表5-2-1　　　　　　　　　　　　　　　任务单

专业班组		班长		日期	

任务：认识智能交通系统

检查意见：

签章：

任务分组

学生按要求自行分组并填写任务分配表（见表5-2-2）。

表5-2-2　　　　　　　　　　　　　　　　任务分配表

班级		组号			指导教师	
组长		学号				
组员		姓名			学号	
任务分工						

任务实施

🔍 引导问题1：什么是智能交通系统？

_____

_____

_____

_____

小提示

世界上智能交通系统应用最为广泛的是日本，其次是美国、欧洲等国家和地区。中国的智能交通系统发展迅速，在北京、上海、广州等大城市已经建设了先进的智能交通系统。其中，北京建立了道路交通控制、公共交通指挥与调度、高速公路管理和紧急事件管理4大智能交通系统；广州建立了交通信息共用主平台、物流信息平台和静态交通管理系统3大智能交通系统。随着技术的发展，智能交通系统将在交通运输行业得到越来越广泛的运用。

智能交通系统（Intelligent Transportation System，ITS）又称智能运输系统，是将先进的科学技术（信息技术、计算机技术、数据通信技术、传感器技术、电子控制技术等）在交通运输、服务控制和车辆制造等方面有效地综合运用，以此加强车辆、道路、使用者三者之间的联系，从而保障安全、提高效率、改善环境、节约能源的综合运输系统。

🔍 引导问题2：查阅资料，浏览网页，绘制智能交通系统的应用架构图。

✏️ 小提示

智能交通系统（见图5-2-1）包括1个平台和6个子系统。1个平台指中心集成平台（指挥中心）；6个子系统指高清卡口系统、高清电子警察系统、道路监控系统、交通信号控制系统、交通诱导系统和智能公交系统。

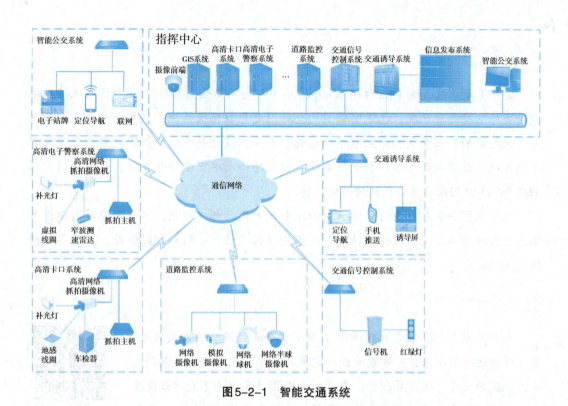

图5-2-1　智能交通系统

🔍 引导问题3：请分别描述智能交通系统主要子系统的应用功能，并完成表5-2-3。

表5-2-3　　　　　　　　　智能交通系统主要子系统的应用功能

子系统	应用功能

🔍 引导问题4：什么是北斗卫星导航系统？

小提示

北斗卫星导航系统（BeiDou Navigation Satellite System，BDS）是我国自主建设运行的全球卫星导航系统，也是继美国的全球卫星导航定位系统、俄罗斯的格洛纳斯卫星系统之后的第三个成熟的卫星导航系统。北斗卫星导航系统和美国的全球卫星导航定位系统、俄罗斯的格洛纳斯卫星系统、欧盟的伽利略卫星导航系统，是联合国全球卫星导航系统国际委员会已认定的供应商。

北斗卫星导航系统由空间段、地面段和用户段三部分组成，可在全球范围内全天候、全天时为各类用户提供高精度、高可靠性的定位、导航和授时服务，并且具备短报文通信能力。

扫一扫

北斗卫星导航系统是我国着眼于国家安全和经济社会发展需要，自主建设运行的全球卫星导航系统，它秉承"中国的北斗、世界的北斗、一流的北斗"的发展理念，愿与世界各国共享北斗系统建设发展成果，促进全球卫星导航事业蓬勃发展，为服务全球、造福人类贡献中国智慧和力量。

你对北斗卫星导航系统了解多少？扫描右侧二维码，观看视频，了解北斗卫星导航系统。

北斗卫星导航系统

扫一扫

你知道四大卫星导航系统都是哪些吗？北斗卫星导航系统与其他卫星导航系统相比，有哪些优势呢？扫描右侧二维码，观看视频，了解四大卫星导航系统。

四大卫星导航系统

🔍 引导问题5：除了手机导航，北斗卫星导航系统还有哪些创新应用？

_____

_____

_____

_____

从打开地图导航，到外卖点餐，再到车库停车，现在北斗卫星导航系统在老百姓的生活中已经无处不在。扫描右侧二维码，查看北斗卫星导航系统的创新应用。

北斗卫星导航
系统的创新
应用

评价反馈

各组代表展示作品，介绍任务的完成过程。作品展示前应准备阐述材料，并完成表5-2-4、表5-2-5、表5-2-6。

表5-2-4　　　　　　　　　　　　　学生自评表

序号	评价项目	学生自评
1	任务是否按时完成	
2	相关理论学习情况	
3	技能训练情况	
4	任务完成情况	
5	任务创新情况	
6	材料上交情况	
7	收获	

表5-2-5　　　　　　　　　　　　　学生互评表

序号	评价项目	小组互评
1	任务是否按时完成	
2	材料上交情况	
3	作品质量	
4	语言表达能力	
5	小组成员合作情况	
6	是否有创新点	

表 5-2-6   教师评价表

序号	评价项目	教师评价
1	学习准备情况	
2	引导问题填写情况	
3	是否规范操作	
4	完成质量	
5	关键操作要领掌握情况	
6	完成速度	
7	是否进行 5S 管理	
8	参与讨论的主动性	
9	沟通协作情况	
10	展示汇报情况	

学习情境相关知识点

知识点 1：智能交通系统的建设目标

1.道路管控智能化

智能交通系统利用先进的通信技术、自动控制技术、视频监控技术、视频分析技术、微波技术，使得交通组织管理、交通工程规划、交通信号控制、交通检测、交通视频监控、交通事故救援有机地结合起来，全面提升道路管控的智能化程度。

2.交通资源最优化

智能交通系统使城市道路信息化，有效解决了目前城市交通存在的主要问题，同时实现车辆的安全行驶和道路资源的最大利用，形成道路资源供给与机动车交通需求的动态平衡。

3.指挥调度信息化

智能交通系统以交通地理信息系统和交通流动态再现系统为基础，以检测、控制、诱导等为手段，对交通进行宏观、动态、实时的调控。同时，建立共享的数据库，为管理决策提供可靠、准确的依据，再配置以先进的警务管理机制，提高对交通异常事件的反应能力，使警务指挥高效、统一。

4.管理决策科学化

智能交通系统通过对各种数据的分析处理，结合以往案例、应急处理经验，建立科学规范的专家知识库，协助指挥人员对交通事件的性质、类型做出快速准确的判断，对人员、装备、车辆、控制系统等进行科学的指挥调度，最终做到以最短的时间、最少的资源解决各类交通事件。

☆ **知识点2：中国智能交通系统体系框架**

　　目前中国智能交通系统体系框架的基本情况如下：9个用户服务领域、43项用户服务（见表5-2-7）、179项子服务；逻辑框架包括10个功能领域、57项功能、101项子功能、406个过程、161张数据流图；物理框架包括10个系统、38个子系统、150个系统模块、51张物理框架流图；应用系统包括58个应用系统。

表5-2-7　　　　　　　　　　中国智能交通系统体系框架用户服务列表

用户服务领域	用户服务
1　交通管理	1.1　交通动态信息监测
	1.2　交通执法
	1.3　交通控制
	1.4　需求管理
	1.5　交通事件管理
	1.6　交通环境状况监测与控制
	1.7　勤务管理
	1.8　停车管理
	1.9　非机动车、行人通行管理
2　电子收费	电子收费
3　交通信息服务	3.1　出行前信息服务
	3.2　行驶中驾驶员信息服务
	3.3　途中公共交通信息服务
	3.4　途中出行者其他信息服务
	3.5　路径诱导及导航
	3.6　个性化信息服务
4　智能公路与安全辅助驾驶	4.1　智能公路与车辆信息收集
	4.2　安全辅助驾驶
	4.3　自动驾驶
	4.4　车队自动运行

 智慧物流设施设备

（续表）

用户服务领域	用户服务
5 交通运输安全	5.1 紧急事件救援管理
	5.2 运输安全管理
	5.3 非机动车及行人安全管理
	5.4 交叉口安全管理
6 运营管理	6.1 运政管理
	6.2 公交规划
	6.3 公交运营管理
	6.4 长途客运运营管理
	6.5 轨道交通运营管理
	6.6 出租车运营管理
	6.7 一般货物运输管理
	6.8 特种运输管理
7 综合运输	7.1 客货运联运管理
	7.2 旅客联运服务
	7.3 货物联运服务
8 交通基础设施管理	8.1 交通基础设施维护
	8.2 路政管理
	8.3 施工区管理
9 ITS数据管理	9.1 数据接入与存储
	9.2 数据融合与处理
	9.3 数据交换与共享
	9.4 数据应用支持
	9.5 数据安全

☀ 知识点3：智能交通系统主要子系统应用设计

1. 中心集成平台

中心集成平台通过对智能交通系统各子系统的高度集成，汇总融合、分析处理各

类交通数据，并依据最终获取的有效信息进行决策和交通指挥调度，同时对各种交通突发事件进行判断、确认和处理，以提高城市交通的管理水平，加强对道路交通宏观调控和指挥调度的能力，并对突发事件形成快速高效的应对机制。中心集成平台的主要功能如下。

（1）中心大屏建设。

（2）交通信息汇集。

（3）整合交换。

（4）融合处理。

（5）数据信息分析。

（6）对各种交通突发事件进行调度处理。

（7）辅助决策。

2. 高清卡口系统

高清卡口系统是通过对过往车辆实时监测，并对车牌进行实时识别以及记录驾驶员脸像，可以迅速地捕获交通肇事车辆、违章车辆、黑名单车辆等的信息，为快速纠正交通违章行为、快速侦破交通事故逃逸和机动车盗抢案件以及违法责任人的认定提供重要的技术支持，同时也为未来更为先进的自动人像比对、特定人员追踪定位提供数据准备，对违法犯罪人员构成强大的威慑力。另外，还可以通过高清卡口系统对公路运行车辆的构成、流量分布、违章情况进行常年不间断的自动记录，为交通规划部门、交通管理部门、道路养护部门提供重要的基础信息和数据支持。

3. 高清电子警察系统

高清电子警察系统被广泛应用在无人值守的路口、限时道路、主辅路进出口、公交专用道等。该系统充分利用科技手段实现对违法行为的有力治理，既能有效防止此类交通违章行为，减少由此引起的事故，又能对违章的驾驶员起到很大的威慑作用，促进交通秩序良性循环，同时能将部分交通警察从岗亭上解放下来，在一定程度上缓解警力不足的压力。

4. 道路监控系统

道路监控系统是公安指挥系统的重要组成部分，提供对现场情况最直观的反映，是实施准确调度的基本保障。重点场所和监测点的前端设备将视频图像以各种方式（光纤、专线等）传送至交通指挥中心，然后系统进行信息的存储、处理和发布，使交通指挥管理人员对交通违章、交通堵塞、交通事故及其他突发事件做出及时、准确的判断，并相应调整各项系统控制参数与指挥调度策略。

道路监控系统能够对公路的交通流量、车速、事故情况、车辆违法行驶情况等信息，采用视频的方式进行采集，并进行现场预分析和处理，采用无线或者有线通信方式将经预处理后的信息传输到监控中心，然后监控人员进行路段的随机监控，从而适时监控公路的交通指挥情况，进行危情和事故预报等，从而有利于公路的智能化管理。

5. 交通信号控制系统

交通信号控制系统依靠先进、适用的交通模型和算法对交通信号控制参数（周期、绿信比和相位差）进行自动优化调整，运用计算机、网络通信和电子地图等技术手段对交通路口进行智能化、科学化的交通控制，从而实现交叉口群交通信号的最佳协调控制。其主要功能是自动调整控制区域内的配时方案，均衡路网内的交通流运行，使停车次数降至最少、延误时间降至最短及环境污染降至最小，充分发挥道路系统的交通效益，必要时，可通过指挥中心人工干预，强制疏导交通。

交通信号控制系统根据采集的交通流量信息，利用系统的优化方式，可以实现对控制区域内的所有路口进行有效的实时自适应优化控制。通过设置和调用交通信号配时方案，改变周期、绿信比和相位差，协调路口间的交通信号控制，可满足不断变化的交通需求。同时，系统具有采集，处理，存储，提供控制区域内的车流量、占有率、饱和度、排队长度等交通信息的功能，以供交通信号配时优化软件使用，同时为交通疏导和交通组织与规划提供依据。

6. 交通诱导系统

交通参与的随意性和无规律性使交通管理者无法提前规划，也因此加剧了城市交通管理的压力。交通诱导技术是更有效地管理现代交通、实现交通流优化的技术。它集成了多种高新技术，如定位技术、导航技术、现代无线通信技术等，对交通参与者进行诱导，使交通出行变得方便快捷。交通诱导系统由交通信息采集平台、交通数据综合处理平台和交通信息动态发布平台组成。

7. 智能公交系统

智能公交系统是对全球定位技术、无线通信技术、地理信息技术等技术的综合运用，可实现公交车辆运营调度的智能化、公交车辆运行的信息化和可视化，不断完善公众乘客的信息；通过建立计算机营运管理系统和连接各停车场站的智能终端信息网络，加强对运营车辆的指挥调度，推动智慧交通与低碳城市的建设。

智能公交系统通过对区域内的公交车进行统一组织和调度，提供公交车辆的定位、线路跟踪、到站预测、电子站牌信息发布、油耗管理以及公交线路的调配服务，实现区域人员集中管理、车辆集中停放、计划统一编制、调度统一指挥，人力、运力资源在更大的范围内的动态优化和配置，降低公交运营成本，提高调度应变能力和乘客服务水平。

智能公交系统采用分布式实施、集中管理的方式实现。在公交客运公司下属的每辆车上建立相对独立的监控、报警系统，利用无线网络将各个独立的子系统接入监控管理平台。

各交通管理部门还可通过系统分级接入，调取查询各公交公司的视频监控录像或采用在线观看的方式进行实时监督管理。这种层级网状监控系统实现了公交系统全方位、一体化、多角度的融合，为公共交通安全提供了有力保障。

任务三　认识物流管理信息系统

学习情境

极速物流有限公司的仓储中心是一个大型的仓配一体中心，小威已在仓储中心实习了将近两个月，公司决定对小威进行考核，需要小威利用物流管理信息系统完成货物的入库作业、盘点作业和出库作业，公司其他人员负责协助。

学习目标

知识目标	理解仓库管理系统的概念及作用
	理解运输管理系统的概念及作用
	理解货代管理系统的概念及作用
	理解供应链管理系统的概念及作用
技能目标	能应用仓库管理系统、运输管理系统、货代管理系统、供应链管理系统等完成货物的入库作业、盘点作业、出库作业、运输作业
素养目标	具备信息数据思维

任务书

完成任务单（见表5-3-1）中的任务。

表5-3-1　　　　　　　　　　　　　任务单

专业班组		班长		日期	

任务：认识物流管理信息系统

（续表）

检查意见：

签章：

👥 任务分组

学生按要求自行分组并填写任务分配表（见表5-3-2）。

表5-3-2 任务分配表

班级		组号		指导教师	
组长		学号			
组员	姓名			学号	
任务分工					

📄 任务实施

🔍 **引导问题1：认识仓库管理系统。**

（1）什么是仓库管理系统？其功能和特点是什么？

_____

_____

_____

（2）仓库管理系统（Warehouse Management System，WMS）一般具有以下几个功能模块：_____、_____、_____、信息报表、_____、_____、_____、_____、打印管理和后台服务系统。

小提示

仓库管理系统可通过后台服务程序实现同一客户不同订单的合并和订单分配，利用电子标签拣货系统（Picking to Light，PTL）、射频识别技术对上架、拣选、补货、盘点、移库等操作进行统一调度和下达指令，并实时接收来自PTL、射频识别系统和终端计算机的反馈数据。整个软件业务系统与企业仓库物流管理各环节吻合，实现对库存商品管理实时有效的控制。

引导问题2：认识运输管理系统。

（1）什么是运输管理系统？

_____

_____

_____

_____

（2）运输管理系统的功能模块主要包括_____、_____、场站作业管理、查询统计管理、异常管理、_____、_____和_____。

（3）运输管理系统的特点有哪些？

_____

_____

_____

_____

🔍 **引导问题3：认识货代管理系统。**

（1）什么是货代管理系统？

_____

_____

_____

_____

（2）货代管理系统具有_____等特点。

（3）货代管理系统一般包含_____、_____、铁路货代管理系统、_____，其中，以_____为主。

🔍 **引导问题4：查阅资料，浏览网页，了解供应链管理系统相关内容。**

（1）什么是供应链管理系统？

_____

_____

_____

_____

（2）供应链管理系统分为_____（SRM）系统、_____（ISCM）系统和顾客关系管理（CRM）系统。

（3）电子订货系统（EOS）是指_____

_____。

（4）订单处理系统（OPS）是指_____

_____。

（5）配送需求计划（DRP）是一种_____的计划方法，它可以用于_____，优化存货系统。

💾 **评价反馈**

各组代表展示作品，介绍任务的完成过程。作品展示前应准备阐述材料，并完成表5-3-3、表5-3-4、表5-3-5。

表5-3-3   学生自评表

序号	评价项目	学生自评
1	任务是否按时完成	
2	相关理论学习情况	
3	技能训练情况	
4	任务完成情况	
5	任务创新情况	
6	材料上交情况	
7	收获	

表5-3-4   学生互评表

序号	评价项目	小组互评
1	任务是否按时完成	
2	材料上交情况	
3	作品质量	
4	语言表达能力	
5	小组成员合作情况	
6	是否有创新点	

表5-3-5   教师评价表

序号	评价项目	教师评价
1	学习准备情况	
2	引导问题填写情况	
3	是否规范操作	
4	完成质量	
5	关键操作要领掌握情况	
6	完成速度	
7	是否进行5S管理	
8	参与讨论的主动性	
9	沟通协作情况	
10	展示汇报情况	

学习情境相关知识点

知识点1：仓库管理系统的概念

《物流术语》中规定：仓库管理系统是指对物品入库、出库、盘点及其他相关仓库作业，仓储设施与设备，库区库位等实施全面管理的计算机信息系统。该系统可以独立执行库存操作，与其他系统的单据和凭证等结合使用，可提供更为完整全面的企业业务流程和财务管理信息。

由计算机控制的仓库管理系统可独立实现仓储管理各种功能，包括收货、在正确的地点存货、存货管理、订单处理、分拣和配送控制。仓库管理系统将关注的焦点集中在对仓储执行的优化和有效管理上，同时延伸到运输配送计划、和上下游供应商客户的信息交互，从而有效提高仓储企业、配送中心和生产企业的仓库的执行效率和生产率，降低成本，提高企业客户的满意度，进而提升企业的核心竞争力。

知识点2：运输管理系统的概念

1.运输管理系统的定义

《物流术语》中规定：运输管理系统（Transportation Management System，TMS），是指在运输作业过程中，进行配载作业、调度分配、线路规划、行车管理等多项任务管理的系统。运输管理系统可以模拟门到门、站到站等多种运作方式的作业流程，同时也可以模拟公路运输、铁路运输、航空运输、海运等多种运输方式。

2.运输管理系统的功能模块

运输管理系统的功能模块主要包括运输基础信息管理、运输调度管理、场站作业管理、查询统计管理、异常管理、配送管理、运输外包管理和GPS跟踪管理。

（1）运输基础信息管理。运输基础信息管理包括运力资源管理、运输路由（线路）管理等。运输管理系统可以管理所有的自有和分供方的运力资源，公路、铁路、航空，自有、分供方、临时运力资源"一视同仁"，纳入系统进行统一管理/调度。运输路由（线路）则根据系统能够控制的运力资源进行编排，并作为运输调度优化的依据。

（2）运输调度管理。运输调度管理包括运单起点站的取货调度、运单终点站的派送调度、长途运输的集货调度、运输路由（线路）安排、货物中转调度和运单跟踪等，可实现运单及其货物的全过程调度、管理和跟踪服务。

（3）场站作业管理。场站作业管理可根据调度指令实现运单货物的取货、派送、取/送港、出站扫描、入站扫描、货签打印等功能。整个场站操作可以与手持设备无缝集成，实现作业的高效和准确。

（4）查询统计管理。查询统计管理包括运单查询、运单跟踪、应收应付查询、综合查询等，并以文字、图表等多种方式进行展现。

（5）异常管理。异常管理分为异常上报和异常处理，是指运输管理系统针对客户服务、运输调度、场站作业等多个环节的业务运转中可能产生的异常情况进行定义、报告和处理等流程的管理。

（6）配送管理。配送管理能够实现市内及区域配送的调度和操作管理，主要包括配送车辆调度、配送车辆操作、签收录入等。

（7）运输外包管理。运输外包管理主要包括运输外包调度管理、运输外包信息反馈管理、运输外包回单处理等。

（8）GPS跟踪管理。GPS跟踪管理能够实现与GPS系统的集成接口，进行车辆的路径规划，实施监控、预警、回放等操作。

运输管理系统需要对始发站、目的站的客户基本信息、运力信息、工作人员信息、车辆信息等进行基本维护。

☼ 知识点3：货代管理系统的概念

货代管理系统（Freight Management System，FMS）是针对货代行业所特有的业务规范和管理流程，利用现代信息技术以及信息化的理论和方法，开发出的能够对货代企业的操作层、管理层和战略决策层提供有效支持与帮助的管理系统。

货代管理系统可满足国内一级货运代理的要求，完成代理货物托运、接取送达、订舱配载、多式联运等多项业务，支持航空、铁路、公路和船务运输代理业务。配合物流的其他环节，可实现物流的全程化管理，实现门对门、一票到底的物流服务。

货代管理系统一般包含海运货代管理系统、空运货代管理系统、铁路货代管理系统、公路货代管理系统，其中，以海运货代管理系统为主。

☼ 知识点4：供应链管理系统的概念

供应链管理（Supply Chain Management，SCM）系统是指从原料采购到产品交付至最终目的地的整个过程中，对与产品或服务有关的商品、数据和资金的流动进行管理的系统。

供应链管理系统是基于协同供应链管理的思想，配合供应链中各实体的业务需求，使操作流程和信息系统紧密配合，做到各环节无缝链接，形成物流、信息流、单证流、商流和资金流五流合一的领先模式。供应链管理系统能够实现整体供应链可视化、管理信息化、整体利益最大化、管理成本最小化，从而提高企业运营水平，达到提升竞争力的目标。

供应链管理系统软件是全方位的企业管理应用软件，可以帮助企业实现整个业务运作的全面自动化。业界分析家认为，供应链管理系统软件将是具有前途的热门商用软件，因为它的主要作用是将企业与外界供应商和制造商联系起来。

供应链管理系统具有以下特点。

1.数据传输安全，保证随时掌握情况

供应链管理系统将企业管理与外围企业管理有机结合在一起，解决了因供应商分散、产品品种太多、订单过于频繁等情况导致的品牌营运商与供应商之间的沟通问题、数据传输及时性问题、数据安全性问题、数据完整性问题等，整合了品牌营运商与上游资源，使效率得到极大提升。

2.信息沟通及时，生产发货完美整合

品牌营运商通过供应链管理系统发布需求信息，从而使供应商能及时组织生产、发货等工作；能通过供应链管理系统知道货品从供应商到门店的整个物流过程。同时供应商也能通过供应链管理系统了解自己生产的货品在门店的库存及销售情况，从而达到供应商与品牌营运商之间的互动。

3.缩短生产周期，降低企业运营成本

企业采用供应链管理系统可以缩短与供应商的业务洽谈时间、大幅度减少采购成本。供应商也能通过系统了解自己的产品的销售情况，从而制定合理的补货策略。

4.促进愉快合作，建立良好的伙伴关系

通过改善与供应商的业务处理流程，与供应商进行协同办公，进行密切的信息交换，加强了对例外事件管理的能力和响应速度，促进与供应商稳固、长期的伙伴关系的建立。

任务四　安全使用物流管理信息系统

学习情境

极速物流有限公司的仓储中心是一个大型的仓配一体中心，配备仓库管理系统、运输管理系统、货代管理系统等，并在日常工作中广泛应用。而信息系统安全是信息系统顺利运行的基本前提，为此仓库经理陆超要求小威根据仓储中心的实际情况，制定信息系统安全防范策略。

学习目标

知识目标	了解信息系统安全管理的概念和重要性
技能目标	能阐述物流管理信息系统的安全体系层次结构
	能安全使用物流管理信息系统
素养目标	具备信息安全意识以及风险防范意识

🗐 任务书

完成任务单（见表5-4-1）中的任务。

表5-4-1   任务单

专业班组		班长		日期	

任务：安全使用物流管理信息系统

检查意见：

签章：

👥 任务分组

学生按要求自行分组并填写任务分配表（见表5-4-2）。

表5-4-2   任务分配表

班级		组号		指导教师	
组长		学号			
组员		姓名		学号	
任务分工					

任务实施

🔍 引导问题1：分组讨论信息系统安全管理的概念和重要性。

_____

_____

_____

_____

_____

_____

_____

_____

🔍 引导问题2：了解物流管理信息系统的安全体系层次结构，并完成表5-4-3。

表5-4-3　　　　　　　　物流管理信息系统的安全体系层次结构

层次	特点
物理层安全	
网络层安全	
系统层安全	
应用层安全	

（续表）

层次	特点
管理层安全	

🔍 **引导问题3：** 查阅资料，浏览网页，列举物流管理信息系统的安全防范策略。

_____

_____

_____

_____

_____

_____

_____

_____

_____

📋 评价反馈

各组代表展示作品，介绍任务的完成过程。作品展示前应准备阐述材料，并完成表5-4-4、表5-4-5、表5-4-6。

表5-4-4　　　　　　　　　　　学生自评表

序号	评价项目	学生自评
1	任务是否按时完成	
2	相关理论学习情况	
3	技能训练情况	
4	任务完成情况	
5	任务创新情况	
6	材料上交情况	
7	收获	

表5-4-5　　　　　　　　　　　　学生互评表

序号	评价项目	小组互评
1	任务是否按时完成	
2	材料上交情况	
3	作品质量	
4	语言表达能力	
5	小组成员合作情况	
6	是否有创新点	

表5-4-6　　　　　　　　　　　　教师评价表

序号	评价项目	教师评价
1	学习准备情况	
2	引导问题填写情况	
3	是否规范操作	
4	完成质量	
5	关键操作要领掌握情况	
6	完成速度	
7	是否进行5S管理	
8	参与讨论的主动性	
9	沟通协作情况	
10	展示汇报情况	

☁ 学习情境相关知识点

☀ 知识点1：信息系统安全管理的概念

信息系统安全管理是对一个组织机构中信息系统的生存周期全过程实施符合安全等级责任要求的管理，包括落实安全管理机构及安全管理人员，明确角色与职责，制定安全规划，开发安全策略，实施风险管理，制订业务持续性计划和灾难恢复计划，选择与实施安全措施，保证配置、变更的正确与安全，进行安全审计，保证维护支持，进行监控、检查，处理安全事件，进行安全教育和人员安全管理等。

☀ 知识点2：物流管理信息系统的安全体系层次结构

一个完整的网络安全防范体系分为不同层次，不同层次反映了不同的安全问题，根据系统结构，物流管理信息系统的安全体系可划分为物理层安全、网络层安全、系统层安全、应用层安全和管理层安全五个层次。

1.物理层安全

物理层安全包括机房的安全、各种物理设备的安全、通信线路的安全等。物理层是构建信息网络和进行网络传输的基础，因而物理层安全是物流管理信息系统安全的起点。但物理层是所有组成网络设施的元素中最容易被忽视的，人们往往将更多的精力放在更高层网络结构的管理和服务上，却忽略了网络传输的基础——物理层。物理层安全主要体现在软硬件设备的安全性、通信线路的可靠性、设备的防灾害及抗干扰能力、设备的备份、运行环境和不间断电源保障等方面。

2.网络层安全

网络层是网络入侵者进攻信息系统的通路和渠道，许多安全问题都涉及网络层。网络层安全包括网络拓扑结构的安全、网络层身份认证的安全、数据传输的安全、远程接入的安全、路由系统的安全、域名系统的安全、网络实时入侵检测手段的安全等。

3.系统层安全

系统层安全也称为主机安全，系统层的安全问题主要表现在以下三个方面。第一，计算机病毒对操作系统的威胁。第二，操作系统有其自身的缺陷，并由此带来安全隐患，如系统漏洞、身份认证问题、访问控制问题等。现代操作系统代码庞大，所有操作系统都在不同程度上存在安全漏洞，一些广泛应用的操作系统其安全漏洞更是广为人知。第三，操作系统的安全配置问题。系统管理员或使用人员对操作系统复杂的安全机制了解不够，系统相关安全配置设置不当也会造成安全隐患。

4.应用层安全

该层次的安全建立在网络安全、操作系统安全、数据库安全的基础之上。网络应用系统复杂多样，虽然采用特定的安全技术可以解决某些特殊应用系统的安全问题，如对于Web（全球广域网）的应用、数据库的应用、电子邮件的应用等，但由于许多企业的关键业务（交易、管理控制、决策分析等）系统及重要数据都运行在数据库平台上，那么，如果数据库的安全无法保证，在此基础上运行的应用系统也会被破坏或者非法访问。

5.管理层安全

管理的制度化是整个信息系统安全的重要保障。严格的安全管理制度、合理的人员配置和明确的安全职责划分可以在很大程度上降低其他层次的安全风险。管理层安全的具体实施包括安全技术和设备的管理、安全管理制度的制定与贯彻落实、部门与人员的组织规则、风险评估、安全性评价等。

知识点3：物流管理信息系统的安全防范策略

1.身份认证

身份认证又称"验证""鉴权"，是指通过一定的技术手段，完成对用户身份的确认。用户名和口令识别是身份认证中最常用的方式。在数据库管理系统中，身份认证是管理权限和访问控制的一种安全措施。

2.安装杀毒软件

安装杀毒软件是物流企业网络安全建设中最重要的一个环节，是对计算机病毒的防范。利用各种杀毒软件防止病毒侵入系统，是人们熟悉的安全防范措施。除此之外，病毒防范还需要有完善的管理规范，包括：不使用盗版软件；不打开来历不明的电子邮件；不访问不可靠的网站；对重要文件设置访问权限或加密；特别重要的数据随时备份保护；及时升级杀毒软件，并定期查杀病毒等。

3.配置防火墙

防火墙是设置在可信赖的企业内部网和不可信的公共网之间的一系列部件的组合，是网络安全的保护屏障，也是防范黑客攻击的有效手段。它能通过过滤不安全的服务而降低风险，并极大地提高内部网络的安全性。逻辑上，防火墙是一个限制器、分离器，还是一个分析器，能有效监控互联网和内部网络之间的活动，为内部网络提供安全保障。

4.数据库安全机制

数据库是信息管理系统的基础，对物流企业来说，所有的合同、订单以及交易信息都储存在数据库中，因而对数据库的安全必须高度重视。数据库的安全性是指避免数据库被非法使用，防止数据被泄露、破坏或更改，主要体现数据库的存储安全性、数据库的可用性、数据库的机密性、数据库的完整性。数据库安全机制可划分为四个层次，即用户层、数据库管理系统层、操作系统层、数据库层。其中数据库管理系统层的安全机制通过访问控制实现，即设置不同用户对数据库各种对象的访问权限。访问控制可以通过用户分类和数据分类实现。数据库层的安全机制大多以加密技术来保证。数据库加密是网络系统中防止信息失真最基本的防范技术，也是数据安全的最后防线。

5.数据备份

数据安全是物流管理信息系统安全的核心部分，这有两方面的含义：一是逻辑上的安全；二是物理上的安全。前者需要系统的安全防护，后者则需要数据备份的保护。数据备份是保证系统数据可用的最后一道防线，保证发生故障（主要是系统故障）后的数据恢复。没有数据备份，就不可能恢复丢失的数据，从而造成不可估量的损失。定期备份数据库是最稳妥也是比较廉价的防止系统故障的方法，能有效恢复数据。人们经常采用的数据库备份方法有双机热备份、硬盘镜像备份等。一个完整的数据库备份策略需要考虑很多因素，包括备份周期，备份介质使用静态备份还是动态备份（动态备份即允许数据库运行时进行备份），使用全备份还是结合增量备份，人工备份还是系统自动备份等。

6.管理层面的安全防范

物流管理信息系统的安全需要由技术、管理和人共同作用。利用技术手段获得的安全毕竟是有限的，而所有的策略、技术、工具的使用和管理都要依靠人，因此从管理层面对物流管理信息系统进行安全防范至关重要。这需要制定体系化的安全管理制度，如系统信息安全备份及相关的操作规程，系统和数据库的安全管理制度，网络使用授权、网络检测、网络设施控制和相关的操作规程等。

智慧物流系统：集成前沿科技，提升物流运作效率与准确性

根据《工业和信息化部关于推进物流信息化工作的指导意见》（以下简称《指导意见》），为了进一步提升重点行业（如汽车及零部件、食品、药品、纺织品、农资和农产品等）的物流信息化应用水平，需要不断完善物流信息化应用标准体系，确保数据层、应用层和交换层等物流信息化标准之间的顺畅衔接。为此，《指导意见》明确提出支持利用云计算等先进技术，开展物流信息技术服务平台建设试点，旨在提高物流信息化关键共性技术的研发、推广和应用水平。特别是在装备制造、食品、药品、危险化学品、烟草等具有高附加值或需重点监管的行业，开展物联网应用试点，以推动智慧物流的深入发展。

智慧物流系统通过集成物联网、大数据、人工智能等前沿科技，实现了对物流全过程的智能化管理和优化。该系统能够实时监控货物的运输状态，精确预测市场需求，并优化仓储和配送路线，从而显著提升物流运作的效率和准确性。此外，智慧物流系统的应用还有助于降低企业的运营成本，减少库存积压，避免资源浪费，并通过优化运输路径降低能源消耗，实现绿色可持续发展。

面对智慧物流的快速发展，当代青年需要具备前瞻性的科技创新意识，积极掌握新技术、新方法，并将其应用于实际工作中。同时，他们还需要培养数据思维，学会从海量数据中提取有价值的信息，为企业的决策提供科学依据。在不断变化的科技环境中，持续学习也是必不可少的，只有不断学习新知识、新技能，才能跟上智慧物流的发展步伐。此外，当代青年应有高度的责任心和担当精神，确保在智慧物流系统中的工作能够准确、高效地完成，为企业和社会的发展贡献自己的力量。

参考文献

[1] 邹霞.智能物流设施与设备[M].北京：电子工业出版社，2020.

[2] 王雅蕾，黄莉，黄蘋.物流设施设备[M].北京：电子工业出版社，2021.

[3] 田振中，孙红霞.国际物流操作实务[M] . 2版.北京：中国财富出版社有限公司，2020.

[4] 李加棋.物流设施设备[M].长沙：湖南大学出版社，2012.

[5] 杨扬.物流设施与设备[M].北京：电子工业出版社，2022.